KB253681

SF의 법칙

차례
Contents

프롤로그 : SF, 세상을 들여다보는 또 하나의 창

"20XX년, 미츠비시 중공업은 달 표면 개발 공사를 위해
건설공사용 로봇 '건담'의 개발·제조를 수주한다."

-미츠비시 중공업

2005년 2월 14~15일 양일간 일본 굴지의 대기업 미츠비시
중공업은 위와 같은 가공의 스토리를 매개로 한 회사의 사업
내용을 대학졸업 예정자들인 학생들에게 설명하는 취업 이벤
트를 도쿄의 사옥에서 열었다. 이 이벤트는 영상과 이야기를 뒤
섞어 '만일 미츠비시 중공업이 기동전사 건담을 만들면……'
이란 전제 아래 달 표면 개발 공사의 수주를 따기 위해 미츠
비시 중공업의 영업사원이 프레젠테이션 하는 방식으로 진행

되었다.[1] 미츠비시 중공업의 이러한 시도는 초경량 고강성 재료를 채용한 건담 개발 스토리를 통해서 우회적이긴 하지만 항공기나 선박, 원자력 플랜트 제조 분야에서 선두를 달리는 자사의 사업성과를 매력적으로 홍보하려는 취지의 일환이었다. 하지만 다른 한편으로는 SF 콘텐츠가 얼마나 우리의 삶 속에 깊숙이 들어와 있는지를 새삼 확인시켜준 사건이기도 하다. 산업혁명 이후 과학기술이 하루가 다르게 발전을 거듭하고 있는 오늘날, 사람들(과학자들까지 포함해서)이 전에는 상상 속에서나 꿈꿔 볼 뿐 도저히 불가능하다고 믿었던 것들이 하나둘씩 버젓이 실현되는 세상에 살고 있는 우리는, SF적 감수성을 통해 미래와 현재를 현실적으로 이어주는 지혜를 터득하고 있다고나 할까?

이른바 SF는 원래 문자 그대로 과학소설(Science Fiction)이란 뜻으로, 현재는 소설만이 아니라 영화, 만화, 애니메이션, 컴퓨터 게임, 연극, 동화, 광고 등 다양한 콘텐츠 형식에 담겨 표현되고 있다. SF는 그 역사가 무려 200년에 근접하는 비교적 전통 있는 하위문화 장르의 하나이지만 소설이란 좁은 범주를 넘어서서 일반 대중의 본격적인 주목을 받기 시작한 것은 조지 루카스 감독의 스페이스 오페라 영화 「스타워즈 *Star Wars*」가 1970년대 말 전대미문의 흥행 성공을 거두면서부터이다. (물론 여기서 언급한 대중이란 '미국 사회의 대중'을 의미한다.) 이전에도 SF는 B급 영화들에서 그 가능성을 보여주었지만, 할리우드의 대자본이 아예 SF 장르를 블록버스터로 키울 생각으로 아낌없

는 투자를 하고 관객 대중이 이
를 적극 수용하는 누이 좋고 매
부 좋은 관계가 성립된 때는 이
시기부터라고 보면 무리가 없을
것이다.(그런 면에서 「스타워즈」보다
10년가량 앞서 개봉되어 그 무렵 미국
젊은이들의 열광을 얻어낸 스탠리 큐브
릭의 영화 「2001년 우주 오디세이」는
SF 영화의 본격적인 부흥을 예고하는
서막이었다고 할 수 있다.)

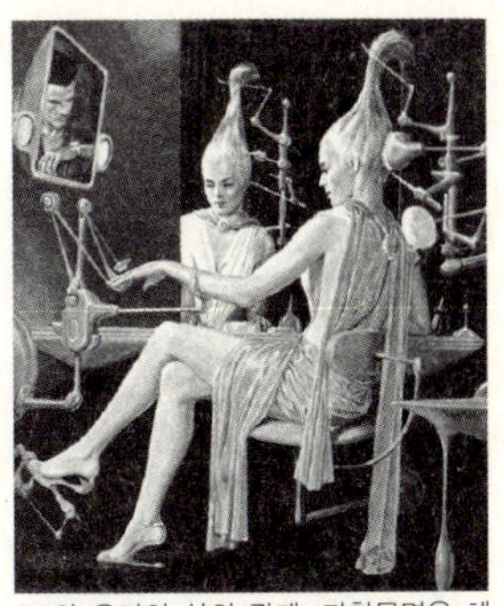

SF와 우리의 삶의 관계: 과학문명은 헤
어스타일에 어떤 영향을 미칠까?
1만여 가지 헤어스타일을 전자두뇌에 입
력한 로봇 헤어드레서의 등장은 여성들
의 미용에 대한 관심에 큰 변화를 가져
올 것이다.

　　SF 영화가 상업적으로 시장에서 성공하게 된 주요인은 무
엇보다도 과학소설의 아이디어를 거의 그럴듯하게 재현해낼
수 있는 특수효과 기술의 비약적인 진보 덕분이다. 그 결과 우
리나라에서도 마찬가지이지만, SF와 SFX(특수효과)를 구분하지
못할 정도로 사람들의 입에 자주 오르내리면서 SF 영화는 매
번 놀라운 흥행 기록을 갈아치워 왔다. 아울러 과학소설이 주
는 원초적인 매력은 과학적인 또는 의사과학적(擬似科學的,
pseudoscientific)인 지식을 밑거름 삼아 예기치 못한 놀라움(희망에
서 공포에 이르는)을 불러일으켜서 대중(또는 관객)의 상상력을 극
대화시켜주는 데 있다. 이런 면을 감안하건대 SF 장르(그 표현
형태가 만화책, 라디오극, 영화, 소설, 컴퓨터 게임 또는 그 무엇이든 간에)
는 21세기 밀레니엄 시대에 갈수록 그 몸값이 비싸져가고 있
는 문화 콘텐츠 가운데 하나라 해도 과언이 아니다.

우리나라에서는 1907년 박용희의 『해저여행기담』 또는 1908년 이해조의 『철세계』를 최초의 과학소설로 꼽을 수 있는 다.[2] 일본에 비해서도 그리 뒤처지지 않았을 정도로 비교적 일찍 국내에 이 문학 장르가 소개되었음에도 불구하고 21세기를 넘어선 현재까지 과학소설이나 이를 바탕으로 파생된 다양한 SF 장르에 대한 일반대중의 인식은 그리 깊다고 할 수 없다.

그러나 SF는 세계적인 기준에서 볼 때, 나름대로 전통과 역사를 지닌, 뼈대 있는 하위문화 장르이다. 해외의 비평가들이 과학소설에 문학적 정통성과 권위를 부여하기 위해 토머스 모어(Thomas More, 1477~1535)의 『유토피아 *Utopia*』(1516)나 토마소 캄파넬라(Tommaso Campanella, 1568~1639)의 『태양의 도시』(1602) 그리고 프랜시스 베이컨(Francis Bacon, 1561~1626)의 『새로운 아틀란티스 *The New Atlantis*』(1627) 같은 준準 과학소설들을 굳이 무리하게 중세까지 거슬러 올라가서 꺼내오지 않더라도 일찌감치 19세기 말 무렵이면 벌써 세계 최초의 현대적 과학소설이 등장한다. 메리 쉘리Mary Shelly의 『프랑켄슈타인, 또는 현대의 프로메테우스 *Frankenstein or Modern Prometheus*』(1818)가 바로 그것이다.[3]

한편 영화라는 매체 자체도 영국의 SF 평론가 존 클루트가 지적하였듯이 1895년 발명되었을 당시만 해도 대중에게는 경이로운 SF와 다를 바 없었다.(이러한 인연 때문인지는 몰라도 소설 『프랑켄슈타인』은 지금까지 몇 번이고 계속 영화로 리메이크되고 있다.) 같은 맥락에서 초창기 영화 역사에서 늘 언급되는 조르쥬 멜리에George Melies는 오늘날 SF 영화의 선구자라고 해도 지나친 말이 아닐 것이다.

SF 관련 장르가 꽃을 활짝 피운 곳은 미국이지만 애초에 그 싹을 틔운 이들은 19세기 말에서 20세기 초에 등장한 일군一群의 유럽 지식인들이었다. 허버트 조지 웰즈Herbert George Wells와 올더스 헉슬리Aldous Huxley, 예프게니 이바노비치 자먀찐Yevgeny Ivanovich Zamiatin[4], 조지 오웰George Orwell[5] 그리고 메리 쉘리 같은 유럽 지식인들은 산업혁명이 완성되고 과학기술이 인류 발전의 굳건한 토대로 자리매김 하리라고 예견되던 당대의 장밋빛 일색의 비전에 대해 깊은 사색을 통해 진지한 의문을 제기하였다. 그러나 계몽철학적이고 사회비판적인 색채의 과학소설은 유럽에서 특출한 역량을 지닌 일부 작가들의 개인적인 성과로만 남았을 뿐 하나의 문학적 사조를 이루거나 작가집단을 결성하는 데까지 이르지는 못하였다. 과학소설이란 문학형식은 미국이란 자본주의의 대표시장으로 건너오면서 철저하게 대중의 기호에 영합하는 펄프 픽션으로 탈바꿈하게 되었다. 20세기 전반 과학소설 잡지 편집자들과 관련 출판사들은 겉으로는 과학소설을 인류와 사회에 대한 통찰력 있는 비전을 제시해주는 아이디어의 보고인양 내세웠지만, 이들의 실질적인 관심사는 과학지식의 말초적이고 표피적인 경이로움을 너절하게 늘어놓아 독자들의 눈길을 붙들어보려는 데 있었다.

이후 미국에서도 1950년대의 황금기와 1960년대의 뉴웨이브, 1970년대의 페미니즘, 1980년대의 사이버펑크 등의 사조를 거치면서 과학소설은 문학 장르로서의 틀을 차곡차곡 갖춰나가는 데 성공했다. 과학소설은 이 과정에서 갈수록 세련되어졌을 뿐만 아니라 인간의 존재와 삶의 본질에 대한 근본적인 질문을 던지는 문학으로 발전해왔다. 다시 말해서 현대 장르 문학의 한 갈래로서의 과학소설계에는 여전히 삼류 소설이 무수히 쏟아져 나오고 있지만, 그 틈바구니로 20세기 전후 유럽의 지식인들이 추구했던 질적으로 성숙된 과학소설들이 일정한 자리를 잡아가고 있는 것이다. 하지만 문학에 비해 훨씬 더 자본집약적이고 투기성이 강한 문화상품인 SF 영화 쪽은 아직도 과학적 세계관에 입각한 세상의 조망보다는, SF를 빙자하여 화려한 눈요깃거리로 관객을 끌어들이려는 어드벤처 활극류가 주류를 이룬다. 이러한 현상은 만화와 애니메이션 그리고 컴퓨터 게임 같은 시지각 매체형식에서 두드러지며, 이러한 형식들에서는 SF 장르의 원초적 본류라 할 수 있는 소설에 비해 다루는 범위나 접근방식이 상당히 융통성을 띠는 경향을 보인다.

이를 두고 소설 이외의 표현형식들이 예술성이나 사상적 기반이 튼실하지 못하거나 과학소설의 아이디어들만 베껴대는 기생적인 스타일에서 근본적으로 벗어나지 못한다고 일률적인 잣대로 깎아내리는 것은 현명하지 못하다. 소설이 역사적으로 SF 영역에서 제일 먼저 태동한 것은 그것이 인류사에서 다른 예술형식들보다 오랜 전통을 갖고 있기 때문이지, 원천 아이디어가 소설에서 그 잠재력을 가장 잘 발휘할 수 있어서는 아니다. 후발 예술형식들의 출발이 상대적으로 늦다보니 소설의 아이디어에 상당한 빛을 지고 있는 것은 사실이다. 하지만 시간이 지날수록 이러한 영역들에서도 유고슬라비아 출신의 만화가 엥키 빌랄Enki Bilal의 『니코폴 Nikopol』 연작 시리즈(1980~1992)에서 보듯이 스스로 자체 완결적이고 독창적인 아이디어와 사상을 내놓는 작가들이 속속 등장하고 있다.[6] 더욱이 영화와 애니메이션 그리고 컴퓨터 게임 같은 멀티미디어적인 특성을 지닌 대중예술 형식들은, 읽기를 전제로 이용층이 제한될 수밖에 없는 과학소설보다 훨씬 더 일반대중에게 SF에 대한 매력을 호소할 수 있는 장점이 있다. 물론 다른 한편에서는 멀티미디어 기반의 SF 콘텐츠 소비층이 반드시 소설을 읽는다는 보장이 없으므로 과학소설의 발전에 파생 예술형식들의 발전이 전혀 기여하지 못한다고 반박하는 이들이 있긴 하다. 하지만 이러한 논란의 끝이 어떻게 마무리되건 간에 다양한 형태의 매체형식 또는 예술형식들이 SF 이용층을 넓혀주고 이러한 소재와 주제를 즐기는 매력의 강도를 높여준 것만은 분명하다.

그러나 앞에서 언급했듯이 미국을 위시한 서구에서는 SF 콘텐츠가 우리들이 살아가는 사회와 삶을 충실히 반영하는 대중적인 담론의 하나로 이미 자리 잡은 데 비해 아쉽게도 우리나라 사람들에게는 여전히 백일몽 같은 꿈이나 현실 도피적 여흥으로만 받아들여지기 일쑤다. 과학소설과 SF 콘텐츠는 청소년에게는 미래의 세계를 설계하는 데에 꿈과 희망을 안겨주고 성인들에게는 미래에 대한 외삽7) 형식을 통해 지금 현재 발을 딛고 있는 세상에 대한 삶의 지혜를 일깨워 준다.(여기서 과학기술이 빚어내는 경이감으로 인한 흥분과 매력은 SF 콘텐츠의 기본적인 속성이므로 굳이 따로 언급할 필요가 없을 것이다.) 어떤 의미에서 과학소설이나 SF 콘텐츠는 순수문학을 포함한 SF 이외의 장르에서는 명확히 직시할 수 없는 관점을 제공해준다는 점에서 세상을 이해하는 변증법적인 정반합의 요소로서 요긴한 역할을 한다. 왜냐하면 현대 산업사회에서 살고 있는 사람들이 다시 동굴 속의 삶으로 돌아가지 않으려면 자신들이 입고 있는 옷과 음식 그리고 잠자리는 물론이요 이것들을 유통시키는 경제구조와 법적·제도적 하부구조가 모두 과학기술에 철저히 기반을 두고 있음을 인정하지 않을 수 없기 때문이다. 일례로 석유정제기술이 없이 자동차 기름은 고사하고 많은 사람들이 싼 값에 대량으로 소비할 수 있는 팬티와 브래지어를 시장에 어떻게 공급할 것인가? 복사기술의 발명이 없었다면 과연 오늘날과 같은 효율적인 사무환경과 비즈니스 여건이 조성될 수 있었을까? 여기에 싸이월드와 세컨드 라이프 같은 사이버 공간 커뮤니티의 물리적 네트워킹까지 거론한다면 더 이상의 예가 필요 없을 것이다.

따라서 SF 콘텐츠를 받아들일 때 중요한 것은 SF가 어디까지나 자신이 발을 내딛고 있는 세상을 이해하는 일종의 커뮤니케이션 수단과 형식에 불과한 것이지 그 이상도 이하도 아니라는 사실을 깨닫는 것이다. 대체로 SF에 대한 편견이 많은 사람일수록 이 점을 혼동하는 경향이 있다. SF는 서부극을 현대의 정서에 맞게 각색했을 뿐인 삼류 스페이스 오페라로 전락할 수 있는가 하면, 인간의 자아탐구와 세계관을 올바로 형성하는 데 기여할 수도 있다. 중요한 것은 SF라는 예술형식 자체가 아니라 그것을 이용하는 사람(또는 사회)의 가치관과 창작 능력 아니겠는가. 사실 이렇게 말해놓고 보니 이러한 주장은 어떤 창작 분야에나 다 해당될 수 있는 논리라는 생각이 든다. 맞는 말이다. 과학소설이나 SF 콘텐츠는 겉보기에 퉁방울눈을 한 외계인들이 설쳐대거나 타임머신을 타고 종횡무진 하는 주인공의 활약을 보여줄지 모르지만 그 이면에는 일반 문학이나 멜로드라마와 마찬가지로 사람들의 모듬살이에서 빚어지는 이런저런 문제와 모순을 꼬집고 비틀어대는 작가의 시선이 담겨 있다. 다만 그러한 관점이 일반 콘텐츠의 잣대와는 사뭇 다를 수 있으며(물론 같을 수도 있지만), 때로는 그렇기 때문에 그러한 잣대가 단지 개인의 차원이 아니라 사회와 인류를 재단하는 근본적이고 객관적인 시선이 될 수 있다는 가능성이 바로 과학소설 및 SF 콘텐츠만이 지닌 내러티브상의 이점이다.

아울러 한 가지 간과하지 말아야 할 것은 삼류 과학소설이나 B급 SF 영화에서도 우리는 그것들을 만들어낸 사회의 이데올로기와 가치관을 읽어낼 수 있다는 깨달음이다. 작품 수준이 조악할수록 작가의 불순한(?) 의도나 관념을 교묘하게 감추거나 미화하는 데 미숙하기 때문에 좀 더 솔직한 속내를 엿볼 수 있다. 그런 이유에서 어떤 비평가들은 할리우드 공포영화들이나 B급 느와르noir 영화들을 시기별로 모아 전체적인 맥락에서 분석하기도 한다. 이것은 SF의 경우에도 마찬가지이다. 이를테면 왜 어떤 시대의 통속적인 SF 영화에서는 외계인을 적대시하고 또 다른 시대에 들어와서는 친근한 이미지로 포장하는 걸까? 이것은 외계인의 실존 여부와는 전혀 상관이 없는 문제이며, 다름 아닌 인간 사회 내부의 진통이 SF라는 하위 문화장르에 투사된 데 지나지 않는다. SF는 자연과학이 아니기 때문에 외계인 존재 확률의 계산보다는 그러한 가정이 현실화될 경우 사회와 인류문명이 겪게 될 지구촌적인 변화에 관심을 갖는다.

인간 사회를 들여다보는 수단은 여러 가지가 있지만 과학소설과 SF 콘텐츠는 그 특유의 장르적 속성에 기반을 둔 상상력과 통찰을 동원하여 세상에 대한 지혜를 찾아내고자 한다. 이것들은 미래를 훔쳐보는 모양새를 취함으로서 바로 현재의 문제를 지적하고 일깨운다. 예를 들어 H. G. 웰즈의 『타임머신』은 시간여행의 과학적 정합성을 논의하기 위한 것이 아니라 사회 내의 자체모순을 해결하지 못하면 종국에 가서 인류는 설 자리를 잃어버리고 말 것이라는 문명비판적인 메시지를 전달하기 위해 씌어졌으며, 그의 또 다른 장편소설 『두 세계 간의 전쟁』은 화성인의 존재 유무나 우주전쟁의 양상을 다루는 것이 주목적이 아니라 한 때 세계제국으로 도약했던 영국이 열강의 반열에서 은퇴하면서 노출한 무기력한 모습에 대한 일종의 각성을 촉구하는 작품이었음을 감안할 필요가 있다. 다시 말해서 뛰어난 과학소설이라면 과학지식의 단순한 나열이 아니라 살아 숨쉬는 인간과 사회의 관심사를 꿰뚫어 보아야 한다. 뛰어난 SF 영화라면 스펙터클 액션의 포장에만 골몰할 것이 아니라 공감할 수 있는 드라마를 짜내야 한다. 자, 이 정도로 준비가 되었으면 이제부터 SF 장르의 울타리 안에서 세상을 어떻게 바라 볼 수 있는지 차근차근 더듬어 가보기로 하자.

SF, 늘어가는 관심 vs. 턱없이 부족한 길잡이 정보

"요즈음 우리 사회에서 과학소설에 대한 관심이 부쩍 높아졌다. 외국 작가들의 작품들이 많이 번역되고 우리 작가들의 작품들도 나오고 있다. 그러나 과학소설 분야는 아직도 혼란스럽다. 독자들에겐 과학소설에 대한 편견이 많이 남아 있고 시장엔 좋은 안내서들이 보이지 않는다."

—복거일

위의 글은 『비명을 찾아서』『파란 달 아래』 같은 주제가 묵직한 과학소설로 세간의 화제를 모았던 복거일이 1990년대 초 발표한 에세이 「강연/ 과학소설의 간략한 소개」의 첫 구절이다. 그로부터 17년 남짓한 세월이 흐르는 동안 국내 과학소설계에 특기할 만한 어떤 변화가 있었다고 할 수 있을까? SF 또는 과학소설이 무엇인지에 대해 원론적으로나마 알고 있는 독자들이 얼마나 늘었을까? 요즘도 필자는 여전히 SF와 SFX[8]의 차이를 제대로 구분하지 못하는 사람들과 수없이 마주친다. 1990년대 이후 할리우드 영화사들은 우리나라에서 SF 영화를 개봉할 때마다 'SF 블록버스터' 운운하는 홍보 프로모션 구호를 앞세운 적이 많았다. 마치 무슨 대단한 위업을 달성한 양, 요란스런 광고 문구의 맨 앞자리를 차지한 이 구호는 암묵적으로 '제작비가 많이 들어갈 수밖에 없는, SF 본연의 거대한 스케일이 담긴 영화'라는 냄새를 풍겼다. 21세기 들어와 이런 식의 광고 문구가 진부해진 감이 없지 않지만 여전히 영화사들에 의해 애용되는 문구이다. 그런데 이렇게 요란을 떨어대는 것들이 죄다 진짜 SF라고 보아도 무방한 것일까? 막상 뚜껑을 열어보면 SF라는 호칭을 붙이기에 쑥스러운 작품들이 상당수를 차지함에도 불구하고 말이다. 물론 영화를 단지 유쾌하게 즐기려는 사람 입장에서는 재미있기만 하다면 장르가 어떻게 구분되든 상관없을 것이다. 영화사 입장 또한 뭔가 거대한 스케일과 최첨단 기술을 바탕으로 한 빼어난 영상을 연상시키는, 거품이 잔뜩 낀 이러한 문구에 홀린 관객들을 손쉽게 끌어들일 수만 있다면, 그래서 수익만 많이 낼 수 있다면, 실제 장르의 정체성이야 어쨌든 상관없을 것이다. 하지만 SF 장르 팬이라는 입장에서 보면 이것은 간단히 묵과하고 넘어갈 문제가 아니다. 예컨대 스릴러 영화를 보는데 서스펜스가 부실하다면 해당 장르 팬이 이를 묵과하겠는가? 코믹 영화가 별로 웃기지 않는다면 어찌할 텐가? SF 영화도 마찬가지다. SF 고유의 법칙에 충실하지 않은 작품이라면 그것이 소설이건 영화이건 아니면 애니메이션이건 간에 상관없이 하등 장르 작품으로서의 가치가 있을까?

과학소설 시장의 경우에도 사정이 별반 다르지 않아서 현재 우리나라에서는 과학소설을 여전히 어린이들이나 읽는 아동도서란 편견을 갖고 있는 이들이 많다. 아니면 그 반대로 오히려 과학지식이 없이는 읽기 어려운 문학 장르라고 부담스러워하기도 한다. 하지만 필자로서는 이 같은 독자 대중의 과학소설에 대한 인식 부족만 탓할 것이 아니라, 그에 못지않게 과학소설 장르에서 독자들의 주목을 받을 만큼 활발한 활동을 벌이지 못한 작가들과 비평가들 그리고 이들에게 이렇다 할 공간을 일관되게 제공해주지 못한 출판계 전반의 책임이 더 크단 생각

『어메이징 스토리즈』 1929년 1월호 표지. 새로운 빙하기가 메트로폴리스를 덮치고 있다.

이 든다. 미국에서는 1920년대 휴고 건즈백Hugo Gernsback이라는 선구자가 총대를 메고 『어메이징 스토리즈 *Amazing Stories*』라는 펄프잡지9)를 발판으로 삼아 과학소설 고정 독자층을 일궈내는 데 성공했고, 이후 등장한 무수한 과학소설 잡지들은 오늘날의 미국이 세계 SF의 본고장이 되게 하

는 데 밑거름이 된 바 있다.

다행히 21세기 들어서 한국 과학소설계의 상황은 많이 나아진 편이다. 어른용 과학소설을 출간하는 출판사들 수가 소수이나마 늘어나는 추세인데다, 1990년대 시공사의 그리폰북스 뒤를 이어 2000년대에는 행복한책읽기와 황금가지 그리고 열림원 등 과학소설을 단발성이 아니라 장기적인 기획문고로 펴내는 곳들이 늘어났다. 그 중에서도 한국 과학소설 역사에서 가장 기념할만한 사건은 2004년부터 3년간 과학재단이 재정적인 후원을 하고 『동아 사이언스』가 주최한 과학기술창작문예가 국내 창작 과학소설 중단편 우수작을 대상으로 매년 시상을 했다는 사실이다. 아쉽게도 2007년부터 과학문화재단으로부터의 예산 확보에 차질이 생겨 이 문학상 공모가 중단되긴 했지만, 일정기간 과학소설 커뮤니티에 큰 활력소가 되었을 뿐만 아니라 덕분에 프로페셔널 작가들이 일부나마 배출되었다.

물론 아직 구미의 과학소설 시장에 비교하면 양적으로는 물론이거니와 질적으로도 턱없이 미흡한 것이 우리나라 과학소설계의 현실이다. 이에 필자는 이 글에서 과학소설의 정체성을 정의함과 아울러 과학소설이라면 일반적으로 지켜야 할 규칙들을 차례로 살펴봄으로써 일차적으로는 지금까지 우리나라의 과학소설계 일각에서 노력해온 과학소설 시장 확산을 위한 계몽작업을 계승하고자 한다. 어떤 매체형식을 띠건 간에 콘텐츠는 각기 자신이 속한 장르마다 관습적으로 지켜온

공통 규칙이 있기 마련이다. 예를 들어 서부극 장르나 공포 장르, 또는 스릴러 장르마다 다 나름대로의 규칙이 있지 않은가. 최근 들어 여러 장르들을 뒤섞은 혼성장르가 유행하고 있기는 하지만 그러한 경우에도 혼합된 장르들의 규칙을 준수하지 않으면 원래 의도한 맛을 살릴 수가 없는 법이다.[10] 애초에 문화산업에서 장르가 발달하게 된 것은 특정 장르를 선호하는 소비자 집단의 시장 잠재력 때문이었다. 추리소설에 사족을 못 쓰는 사람들처럼, 과학소설이라면 후미진 달동네 헌책방까지 일일이 돌아다니며 절판된 작품을 찾느라 발품을 아끼지 않는 열성파들이 있다.[11] 영화 쪽 또한 각 장르 마니아들마다 이보다 더하면 더했지 덜하지 않을 것이다. 어떤 장르가 발전하자면 그 장르만의 공통규칙을 되도록 많은 사람들이 알고 있어야 하고, 그 규칙을 따른 작품들이 마구마구 쏟아져 나와 주어야 한다. 과학소설의 경우도 별반 다르지 않다. 아울러 필자는 이러한 논의를 통해 과학소설이 왜 우리에게 그저 허망한 시간 때우기로 끝나지 않고 가치 있는 여가 활용이 될 수 있는지에 대해서까지 사고의 범위를 확장해보고자 한다.

SF란 무엇인가 :
말도 많고 탈도 많은 저마다의 정의

정의 A

"과학소설은 재즈와 동시대에 출현한 20세기의 토착 예술이다. 재즈처럼 과학소설은 누구나 쉽게 이해할 수 있는 수준이고 아주 미국적인데다가, 다분히 싸구려 문학인 동시에 인기가 높은 한편, 장구하고 보기보다 심오한 전통을 지니고 있다."[12)

정의 B

"주관적 관념론 철학의 미국식 변종인 실용주의 철학을 이론적 바탕으로 한 미국의 과학소설에서는 근친상간, 동성애, 변태성욕, 학대음란증 등 부화방탕한 생활을 반영하고 있으며 과학기술 수단으로 무장된 강도, 깽, 협잡군, 불량배, 폭행자 등 인간쓰레기들을 등장인물로 설정하고 있다.”13)

과학소설에 대한 정의定意 A와 B는 동일한 문학 장르를 두고서도 마치 하늘과 땅 만큼의 차이인양 상반되는 평가를 내린다. ‘정의 A’의 작자는 과학소설이 미국 문화를 대표하는 아이콘의 하나이자 역사적 전통의 산물이라고 평가하는 것으로 미루어보건대 미국 과학소설에 애정이 남다른 미국인이라고 짐작할 수 있다. 사실 미국의 과학소설은 문학사적으로 볼 때 펄프문학의 충실한 계승자로서 대중적인 엔터테인먼트 문학의 한 갈래를 형성해왔기 때문에 이러한 평가는 나름대로 실제 현실을 반영하고 있다고 생각된다. 그럼 ‘정의 B’는 대체 누구의 주장일까? 미국인이 아닌 사람이 쓴 글이라는 것은 한눈에도 알아볼 수 있지만 대체 어느 나라 사람이 무슨 의도를 가지고 이처럼 과격한 표현을 서슴지 않는 것일까? 하긴 할리우드에서 정점을 이루는 미국식 자본주의 문화의 다양한 얼굴에 익숙하지 않거나 공감하지 않는 이라면 일본풍 사이버펑크 과학소설에 등장하는 이기적이고 퇴폐적인 군상들에 감정이입은커녕 구역질이 날지도 모른다. 어찌 보면 선악의 경계를 흐릿하게 하면서 개인의 심리 속을 바닥까지 훑어내려는 뉴웨이브풍 과학소설류가 최근 세계적인 과학소설의 보편적인 경향이라 속단할 근거가 있는 것도 아니다.

그렇다면 위 두 정의의 주창자들은 각기 누구일까? 정의 A는 1980년대 미국 과학소설계에서 사이버펑크 문학운동을 주도한 작가이자 이론가인 브루스 스털링Bruce Sterling에 의해 서술된 것이고, 정의 B는 북한의 작가이자 과학소설 문학이론가인 황정상이 사회주의적 관점에서 미국의 과학소설을 비판한 것이다. 여기서 한 발 더 나아가서 황정상은 북한의 주체사상을 제대로 소화해낸 작품이야말로 인류가 지향해야 할 궁극의 과학소설 문학형태라고 주장한다. 어린 시절부터 싸구려 잡지 연재소설이나 페이퍼백으로 읽던 B급 과학소설에 대한 향수가 절로 배어나오는 자본주의 작가의 애정 어린 시선과 과학소설을 선전선동문학의 한 수단으로 활용하고자 하는 이념적인 시선이 동일한 문학 장르를 두고 맞부딪치는 현실은 과학소설이 전 세계적으로 수많은 작가들과 평론가들 그리고 독자들에 의해 얼마나 다양한 주장 아래 정의되고 있는가를 보여주는 한 예이다.

사실 과학소설이란 문학형식 또는 장르를 하나의 관점에서 정리하는 것은 생각보다 쉬운 일이 아니다. 뒤에 소설이란 꼬리표가 붙었으니 문학인 것은 알겠는데 어떤 내용과 어떤 형식을 담은 문학이어야 할까? 언뜻 보면 굉장히 멍청한 질문 같아 보일지 모른다. '아

미국 과학소설 작가이자
사이버펑크 문학운동의 주창자인 브루스 스털링

무리 사람마다 해석이 달라봤자 과학과 관련 있는(또는 과학적인 관심사를 다룬) 문학, 뭐 그 정도 아니겠어?' 하고 쉽게 결론을 내버린 채 더 이상 고민조차 하지 않으려는 사람들에게는 그렇게 받아들여질 것이다. 하지만 과학소설에 대한 정의는 이 세상에 존재하는 모든 작가들의 수만큼이나 존재한다는 비아냥거림이 나올 정도이니까 누구나 고개를 끄덕일 만하게 하나로 통일하기란 생각만큼 만만한 일이 아니다. 오죽하면 난무하는 정의의 홍수 속에 질려버린, 과학소설 작가이자 평론가 데이먼 나잇Damon Knight이 "과학소설이란 내가 과학소설이라 말하면서 가리키는 것이다"14)라고까지 했을까! 언뜻 황당해 보이지만, 결과론적으로 오슨 스캇 카드Orson Scott Card 같은 작가는 나잇의 정의야말로 시장 현실을 반영한 유일하게 완벽한 정의라고 동의한다.15) 사람들은 과학소설을 통해 저마다 자신의 기대치를 투영하고자 하는 의지가 강하며, 이것은 작가와 평론가 뿐 아니라 독자라고 해서 예외일 수 없다. 오죽하면 미국의 과학소설 작가이자 편집자, 평론가인 로벗 실버벅Robert Silverberg조차 다음과 같이 주장했겠는가?

과학소설은 종류가 다양하며 독자들마다 SF에서 찾는 바가 다를 수 있다. 어떤 이들은 기발한 기계장치들을 써서 힘든 난관을 풀어나가는 이야기를 좋아한다. 또 어떤 이들은 근미래에 대한 사회학적 또는 기술적 그도 아니면 정치적 사색을 선호한다. 그런가 하면 사회풍자에 매료되는 사람들도 있다.(이러한 사람들은 자신들이 싫어하는 대상을 조롱하는 이야기를 좋아한다.) 한편 로마와 비잔틴을 닮은 미래 은하제국의 대서사시를 아무리 읽어도 절대 신물나지 않는 사람들이 있다. 반면 어떤 이들은 직접 로마나 비잔틴으로 시간을 거슬러 되돌아간다. 미래의 수수께끼 속으로 얽혀 들어가고 싶어 하는 이들도 있다. 온갖 번쩍이는 무기로 치장한 아놀드 슈왈츠제네거 식의 영웅액션물을 고대하는 사람들은 또 어떠한가! 그 밖에 다양한 사람들과 다양한 취향……. 이 세상에는 사람들 저마다의 구미에 맞는 SF들이 헤아릴 수 없이 많다. 지난 50년 동안 나 자신의 독서는 위에서 열거한 범주들 전부를 포용하지 못했다. 내가 어린 시절 읽은 잡지들 이름을 보면 그 범위를 대충 짐작할 수 있다. 신기한 기계류와 사회학적인 사색을 담은 작품을 읽고 싶은 때는 잡지 『놀라운 과학소설 *Astounding Science Fiction*』을 펼쳤고, 광선총과 우주선 이야기는 『행성 이야기 *Planet Stories*』 그리고 잃어버린 제국들로 시간을 거슬러 되돌아가고 싶은 때는 『유명한 환상적인 역사 *Famous Fantastic Histories*』를 뒤적였다. 그러나 내가 대부분의 시간을 할애하면서 40여 년 전에 과학소설 독자 신분에서 창작 작가로 일대 전환한 이래 내 작품 속에 구현하려고 한 것은 밤하늘의 별들을 쳐다보거나 원생동물로 가득 찬 물방울을 현미경으로 들여다 볼 때, 또는 수천 년 된 로마나 이집트 사원의 기둥들 사이로 난 통로를 걸을 때 느끼는 기분을 그에 맞먹는 언어로 표현하는 일이다.16)

　이처럼 과학소설의 정의가 입맛 따라 취향 따라 제각각인
듯 보여도 이 장르를 출판시장에서 규격화하는 데 성공한 휴
고 건즈백 이래 하나로 뭉뚱그릴 수 있는 정의가 불가능한 것
은 아니다. 과학소설이란 하루하루 변하면서 쏜살같이 달리는
과학이란 열차에 탑승한 인간을 순간포착해서 카메라로 찍은
다음 인간학적인 해석을 덧붙여 놓은 해설판이다. 따라서 과
학소설은 인간의 미래의 변화, 그리고 나아가서는 사회와 인
류의 미래의 변화에 주목한다. 그럼 이러한 정의대로 과학소
설이 구현되기 위해서는 어떠한 규칙들을 준수해야 하는지 다
음 장章에서 하나씩 살펴보기로 하자.

SF 그리고 과학소설이 지켜야 할 규칙들

"이 책이 과학소설인지 아닌지는 과학소설에 대한 독자
의 정의에 달려 있겠지요."[17]

-엘리자베스 문Elizabeth Moon,

『어둠의 속도 *The Speed of Dark*』(2003)

말미에 수록된 인터뷰에서

그럼 이제부터 SF 콘텐츠 그리고 그 중에서도 이 장르의 핵
심을 구성한다 볼 수 있는 과학소설의 규칙 내지 약속들을 하
나씩 살펴보기로 하자.[18] 물론 문학뿐 아니라 영화, 또는 만
화, 애니메이션, 컴퓨터 게임처럼 다루는 매체별로 다소 뉘앙
스의 차이가 있을 수 있는 문화 콘텐츠에 대해 누구나 고개를

끄덕일만한 정의를 내린다는 것은 칼로 무 자르듯 될 일이 아니다. SF 콘텐츠 영역에서 가장 오래된 과학소설의 경우, 최초의 현대 과학소설이라 평가되는 메리 쉘리Mary Shelly의 『프랑켄슈타인 또는 현대의 프로메테우스 *Frankenstein or Modern Prometheus*』(1818)가 출간된 해부터 따져 봐도 200년 남짓한 나이를 먹었다. 언뜻 보아 짧은 기간에 불과해보일지 모르지만 이 시기의 200년은 중세의 1000년을 합친 것보다도 훨씬 큰 변화와 발전을 이 세상에 가져왔다는 사실을 감안해야 한다. 20세기에 태어난 사람들은 수십 년, 그리고 심지어는 수 년 단위로 눈부시게 변화하는 과학기술과 그에 상응하는 생활환경의 변화 속에서 숨 가쁘게 살아왔다. 정치, 사회, 문화적으로 요즘 우리가 살고 있는 세계의 10년은 중세의 100년보다

좌-최초의 현대적 과학소설 작가 메리 쉘리
우-메리 쉘리의 대표작 『프랑켄슈타인 또는 현대의 프로메테우스』

도 변화무쌍해 보인다. 사람이 이런저런 인생역정을 겪으면서 생각이 이렇게 저렇게 바뀌고 원숙해지듯이, 과학소설도 산업과 과학기술의 발전 그리고 그와 동시에 정치·사회·경제·문화의 변화를 겪으면서 해석의 여지가 더 다양하고 폭 넓게 변신을 거듭해왔다. 그러므로 필자가 이제부터 소개하는 규칙들은 일종의 기본적이고 범용적인 원칙이지 영원불멸 하다거나 꼭 이것뿐이어야 한다는 식으로 단정 지어서는 곤란할 것이다. 정의를 논하느라 이미 앞에서도 누누이 밝혔거니와 이 글의 뒤에 가서도 다시 자세히 언급하겠지만, 과학소설은 무엇보다도 '세상의 변화를 반영하는 문학'이니까 말이다.

1. 과학소설은 아이디어 문학이다.

SF(Science Fiction)를 일본식으로 번역할 때는 '공상과학소설'이라 한다. 1970년대 우리나라에 일본어판을 텍스트로 해서 다시 번안 내지 번역한 해외의 과학소설들이 대거 들어올 때 이 용어도 함께 유입되었다. 이후 지금까지 널리 쓰이고 있는 '공상과학소설'이란 명칭은 1990년대 들어 과학소설의 정체성에 대해 나름 자긍심을 갖게 된 국내 마니아층의 반감을 샀고 그 결과 요즘은 '공상'이란 앞머리를 떼어내고 그냥 서양식 표현처럼 '과학소설'이라 부르는 경향이 늘고 있다. 하지만 따지고 보면 공상과학소설이란 용어가 꼭 틀렸다고만은 볼 수 없다. SF는 확인되고 검증된 과학지식과 논리만을 사용하는 꽉 막힌 문학이 아니라 기존의 검증된 지식을 지렛대 삼아 도약함으로서 또 다른 비전을 실험하는 문학이니까 말이다.

여기서 정작 중요한 것은 과학소설은 과학지식을 이용해 일반사람들은 전혀 예기치 못한 아이디어를 창안해내고 이를 매개로 해서 비전을 펼쳐 나가는 문학이라는 사실이다. 일반문학과는 달리 과학소설 같은 장르문학은 추리소설이나 공포소설처럼 자기 장르만의 고유한 아우라를 뿜어내야만 특화된 문학으로서의 가치를 인정받는다. 앞에서 언급했듯이 과학문명이 발달하다보면 지금 생각에는 고난도에 속하는 과학기술과 지식이 보통 사람들의 평범한 삶에 배어들어 과학소설과 일반소설 간의 영역 구분이 무의미해지는 날이 오리라는 주장이 있으나, 아직 이러한 사례를 일반화하기까지에는 상당한 세월이 필요해 보이므로 과학소설은 앞으로도 상당 기간 동안 고유의 색채를 띨 수 있을 것이다. 일반문학을 인간과 세상을 들여다보는 일종의 창문이라고 정의한다면, 과학소설도 본질적으로는 그다지 다르지 않다. 다만 과학소설의 경우에는 이야기를 풀어나가는 방법론에서 아이디어가 좀 더 유별나고 일상의 삶을 낯설게 되돌아보도록 하는 방식으로 몰아간다는 점이 다를 뿐이다.

그렇다고 해서 과학지식이나 과학적 통찰이 지나치게 과잉 공급된 나머지, 독자들의 두통을 유발해서는 과학소설이란 문학 장르 자체가 설 자리를 찾을 수 없을 것이다. 오히려 독자들을 끌어들이는 관건은 과학지식보다는 그 주어진 사실을 갖

좌—미국의 과학소설 작가 폴 앤더슨
우—시간팽창효과를 소재로 삼은 그의 대표작 『타우 제로』

고 얼마만큼 어떻게 논리적인(또는 그럴듯해 보이는) 비약을 하여 뜻밖의 결론을 유도하느냐에 달려 있다. 예를 들어 아이작 아시모프의 대하 장편소설 『로봇』 시리즈를 보자. 로봇이 살해한 것으로 의심 가는 살인사건을 두 형사가 담당하게 되는데 한쪽은 물론 인간이고 다른 파트너는 로봇이다. 로봇공학 4원칙19)을 따라야 한다고는 하지만 이 로봇은 이루 말할 수 없이 정교한 양전자두뇌를 갖고 있어 인간 입장에서 방심할 수 없는 까다로운 상대이다. 덕분에 독자는 양자의 희한한 파트너 관계를 뒤따라가면서 즐거움을 만끽할 수 있다. 폴 앤더슨Poul Anderson의 『타우 제로 *Tau Zero*』(1970)나 조 홀드먼Joe Haldman의 『영원한 전쟁 *Forever War*』(1975)처럼 맥동우주론20)이나 아인슈타인의 상대성이론을 이용한 시간팽창효과를 아이디어의 모티브로 삼는 경우에도 작가들은 그 이론의 딱딱한 설명에

좌-미국의 과학소설 작가 조 홀드먼
우-시간팽창효과를 반전 메시지와 절묘하게 접목시킨 조 홀드먼의 대표작『영원한 전쟁』의 이
  탈리아어판 표지

함몰되지 않고, 그러한 설정을 이용해서 원거리 원정을 통한 식민지 개척이라든지 빅뱅 이후에도 살아남아 2세대 우주에서 새로운 보금자리를 마련한다든지 하는 식으로 독자들에게 감정이입할 수 있는 기회를 안겨준다. 심지어 베트남 전쟁을 과학소설 장르에 맞게 재해석했다는 평가를 받는『영원한 전쟁』은 시간팽창효과 탓에 수백 수천 년의 세월 동안 전투를 거듭해온 병사들이 막상 지구로 귀환해보니 전혀 적응할 수 없는 다른 세계가 되어 있더라는 결말을 통해 반전주의적 메시지("누구를 위한 전쟁인가?")를 강화한다. 베트남 전쟁에 참전했던 미군 병사들에게는 살아남기 위해 고군분투한 그 몇 년의 기간이 수백 수천 년 이상으로 느껴졌을 테지만 막상 고향에 돌아가서는 전쟁에서 얻은 정신적 스트레스를 위로받을 곳이 마땅히 없더라는 「람보」식 주제를『영원한 전쟁』은 과학소설

이란 형식을 통해 훨씬 더 강렬하게 호소할 수 있었던 것이다.

요약하면, 과학소설이 진정한 빛을 발해 독자들의 시선을 놓치지 않으려면 과학지식이나 과학적 통찰의 나열만으로 부족하다. 대신 그러한 전제(과학적 지식 또는 통찰)를 밑거름 삼아 독창적인 아이디어를 가미함으로서, 과학소설이 우리 삶에 깊이 밀착되어 있는 인간에 관한 또 다른 형식의 흥미로운 이야기임을 증명해야 한다. 과학소설도 엄연히 문학인 이상 유희의 기능에 충실해야 한다. 그러나 잊지 말아야 할 것은 과학소설이 이러한 기능을 최대한 발현하기 위해서는 일반문학의 드라마(갈등) 구도만으로는 부족하며 과학적 지식이나 통찰과 깊이 연관된 인간 또는 인류의 드라마로 확장될 필요가 있다는 점이다.

2. 과학소설은 과학적 근거가 전제되어야 한다. 단, 그 기준을 적용하는 잣대에는 융통성이 있을 수 있다.

과학소설은 이름 그대로 소설문학의 일종인지라 독자의 흥미를 끌어들이기 위해 작가가 어떤 기법이든, 어떤 스타일이든 도입할 수 있다. 과학소설로 분류되는 스티븐 킹Stephen Edwin King 의 일부 작품들이나 조지 마틴George R. R. Martin의 「샌드킹 *Sandkings*」(1979)처럼 공포소설 형식을 취할 수도 있고, 아이작 아시모프의 「강철도시 *The Caves of Steel*」(1953) 같이 극적 몰입의 밀도를 높이기 위해 추리기법을 빌려오는가 하면 개그나

콩트 형식은 물론이요, 팻 머피Pat Murphy의 「오렌지 꽃 필 무렵 *Orange Blossom Time*」(1981)이나 오드리 니페네거Audrey Niffenegger의 「시간여행자의 아내 *The Time Traveler's Wife*」처럼 애절하고 서정적인 러브 스토리가 될 수도 있다. 하지만 어떤 기교를 쓰건 간에 과학소설에서 진정으로 중요한 것은 내러티브(Narrative: 이야기 구조)의 기반이 상당부분 과학지식에 근거해야 한다는 점이다. 원래 과학소설의 정의에는 '과학을 다룬 문학(The literature of science)', 즉 '과학이나 기술이 사람들에게 미치는 영향을 다룬 소설(SF is fiction that describes the impact of science or technology on people.)'이란 개념이 기본적으로 포함되어 있다. 그러니 과학소설에서 과학이 빠진다면 앙꼬 없는 찐빵과 무엇이 다르겠는가? 나아가서 또 한 가지 간과해서는 안 될 것은 과학소설이라면 과학지식을 잡다하게 나열한 전시장에 그치지 말고 과학적 기반이나 설정을 플롯 전개의 주요한 디딤돌로 써야 한다는 점이다.(그렇다고 해서 여기서 과학적 기반이나 설정을 위한 설명이 어느 정도의 분량이어야 하는지는 그다지 중요하지 않다.)

"과학이 반드시 필요하지 않은 작품은 과학소설로 분류해서는 안 된다. 이런 식의 소설은 단순히 우주선을 마차로, 녹색피부를 붉은 피부로, 레이저를 6연발 권총으로 바꿔놓기만 하면, 서부극(대개 수준이 형편없는)과 전혀 분간되지 않는 수많은 과학소설들을 뒤따라나서는 꼴이다. 사실, 나는 그러한 이야기들을 '화성판 서부극(Mars Westerns)'이라 부르

▲ 오드리 니페네거

▶ 러브 스토리와 시간여행을 뒤섞은 오드리 니페네거의 단편 「시간여행자의 아내」

길 좋아한다. 그것들은 단순히 하이테크 소도구들을 동원한 모험 이야기(또는 로맨스 소설, 아니면……)로서, 「햄릿」이 덴마크 역사를 모방했듯이 과학소설을 흉내 낸 것에 지나지 않는다. 이국적인 배경에 현대를 시대로 삼은 '역사소설'(역사적인 허구)과도 부분적으로 닮은 그것들은 '미래소설(future fiction)'이라 부를 수도 있으리라. 듣자하니, 이와 유사한 용어로 '우주 판타지(space fantasy)'라는 말이 쓰이기도 한다. 그것들은 「걸리버 여행기」와 한 가지 공통점이 있다. 즉 그것들이 다루는 세계들이 우리가 살고 있는 세계와 실제로는 다를 바가 없다는 점이다."

　　　　　　　　　　　　　　　　-로벗 앤슨 하인라인

위와 같이 미국 과학소설 황금기[21]의 3대 거두이자 20세기 후반까지 왕성한 필력을 과시한 로벗 앤슨 하인라인Robert Anson Heinlein의 준엄한 잣대를 들이대고 나면[22] 많은 이들이 좋아하는 대중적인 과학소설 『화성의 존 카터 *John Carter of Mars*』 시리즈와 바로 위에서도 언급한 『시간여행자의 아내』 같은 작품들은 단칼에 기준 미달로 날아가 버릴 판이다. 그래서 하인라인을 하드 과학소설(Hard SF)[23]의 대부라고 부르지만 모든 작가들이 그의 노선에 동조하는 것은 아니다. 과연 과학적 논리와 검증에 빈틈이 없는 과학소설들이 얼마나 씌어 질 수 있을까? 더구나 그와 동시에 과학기술 전문가만이 아니라 일반 독자대중도 즐겨 읽을 수 있도록 흥미를 끌 수 있는 작품이 얼마나 될까? 설사 현대 과학의 기준으로 보건대 털끝만큼도 오류가 없는 이야기를 지어낼 수 있다 한들, 그렇다면 그것은 과학논문이지 더 이상 소설이라 이름 붙이기 어려울 것이다. 미국에서 과학소설이 시장을 형성하던 초창기에 일부 편집자들과 작가들이 말끝마다 "과학적, 과학적……" 하며 외치고 다닌 것은 논문을 쓰겠다는 의지의 발로가 아니라 자신들이 쓴 소설을 혹여 황당한 동화나 판타지로 깎아 내릴까 봐 우려한 데에 따른 반작용이라고 보아야 한다. 실제로 하인라인조차도 늘 하드 과학소설만 발표한 것은 아니었다. 사실 과학소설의 내용은 그 취지상 일반 실생활과는 이질적인 내용을 주로 다룰 수밖에 없다. 그런데 단지 낯설다는 이유만으로 '황당한' 입담 정도로 취급 받는다는 것은 부당하다고 생각한 과학소설계 사람들은 자신들의 정당성을 강조하기 위해 ‘과학’ 또는 ‘과학적’이란 선전 문구를 앞세우지 않을 수 없었던 것이다.(그 와중에서 과학소설의 정체성에 선명성을 부여하고자 하는 일부 극단주의자들은 소위 ‘하드 과학소설’이란 이름 아래 과학적 사실과 논리에 철저히 입각한 작품을 써야 한다고 주장하기도 한다.[24])

한 마디로 과학소설은 과학 에세이가 아니라 허구의 문학이다. 과학소설을 쓸 때 100% 검증된 과학지식만 고려해야 한다면, 상상력의 범위가 너무 좁아진 나머지 소설가들에게 재량의 여지가 없게 된다. 과학소설 작가들은 어디까지나 앞으로 과학이 우리에게 보여줄(또는 보여줄 확률이 적지 않은) 비전을 전파하려 한 것이지(그 비전이 유토피아적이든 디스토피아적이든 간에) 학자들처럼 정밀과학의 잣대로 측정한 보고서의 작성이 목적이 아니다. 그렇다면 융통성을 어느 정도까지 발휘할 것이냐 하는 문제가 남는다. 현대 물리학 이론에 따르면, 아무리 용을 써봤자 어떤 것도 빛보다 빨리 달릴 수는 없다는 결론이 자연스레 도출된다. 이는 아인슈타인의 상대성 이론이 뒷덜미를 잡고 있는 탓이다. 하지만 우리는 과학소설에서 흔히 초광속 우주선을 볼 수 있지 않는가? 또 타임머신은 어떠한가? 양자역학이 밝혀낸 사실들은 타임머신이 가까운 미래는커녕 머나먼 미래에 가서도 실현 불가능 할 것임을 시사하고 있다.[25] 설상가상으로 텔레파시나 염동력을 이용하는 초인들의 이야기에 이르면 과학소설의 ‘과학’이란 첫머리 단어가 거의 무색해질 지경이다.[26] 그러나 초광속 로켓엔진을 장착한 우주선

없이는 어떤 하드 과학소설 작가라도 인류를 태양계 밖은 엄두도 못내는 방안통수로 그릴 수밖에 없을 것이다. 이래서야 '스페이스 오페라(우주활극)'라는 하위 장르의 스케일이 초라해질 수밖에 없지 않겠는가.

결국 과학소설에서 '과학적'이란 표현은 '논리적' 또는 '설득력 있는'이란 표현과 동의어라고 봐야 한다. 즉 누구나 인정하는 과학지식으로 소설 내용을 빈틈없이 채우면 좋겠지만, 설사 그렇지 못했더라도 어떤 가정 또는 그 가정을 설명하는 방법론이 마법이나 속임수를 쓰지 않고 일반인이 공감할 수 있는 설득력을 지녔다면 과학소설이라 보아도 좋다는 얘기다. 토끼와 거북이의 경주 이야기가 좋은 비유가 될 것이다. 토끼는 성미가 급하고 덤벙대서 앞서 가기는 하지만 거북이에게 지고 만다. 한편 거북이는 걸음걸이는 느리지만 한발 한발 확실한 곳만 디디며 절대 서두르지 않는다. 거북이를 과학에 빗댄다면 토끼는 과학소설인 셈이다. 과학소설은 과학처럼 정확하지는 않지만 그 대신 미리 앞으로 껑충껑충 뛰어다니며 여러 가지를 시도해본다. 그러니 맞을 때도 있고 틀릴 때도 있다. 요약하면, 과학소설은 입증된 과학적 사실만 활용하는 것이 아니라 거기에 기대서 문학적 상상력을 발휘하는 '문학의 일종'인 것이다. 예를 들어 보자. 앞에서 언급했듯이 우주선을 타고 우주여행에 나설 때는 일반적으로 아인슈타인의 상대성이론에 따라 빛의 속도를 넘어설 수 없다. 작가가 이러한 한계를 꼭 넘어서고 싶다면 막연히 초광속 우주선이란 신조어만 늘

좌−소비에트 러시아를 대표하는 과학소설 작가 이반 예프레모프
우−미국의 과학소설 작가이자 과학소설 잡지 편집자 프레데릭 폴

어놓을 것이 아니라 이반 안토노비치 예프레모프Ivan Antonovich Yefremov[27]의 『안드로메다 성운 *Andromeda Nebula*』에 나오는 애너메존처럼 로켓연료의 재료가 유별나다든가 램제트처럼 로켓추진 방식이 독특하다든가 하는 식으로 독자들에게 최소한의 논리적인 설득을 시도해야 한다. 오늘날에 와서는 비록 아직 과학적으로 실현되지는 않았더라도 그 주장이 논리적이고 과학적이라면 그러한 주장을 담은 작품도 과학소설로 인정하는 것이 일반적인 추세이다.[28] 미국의 과학소설 작가 프레데릭 폴Frederik Pohl 또한 같은 맥락에서 과학소설의 과학적인 성격을 규정한다.

우수한 과학소설에서 그려지는 미래는 사실 가능할 수 있거나 적어도 그럴듯해 보여야 한다. 이것은 그가 서술하

고 있는 경이로운 세상이 실제로 일어날 수 있다고 독자와
작가 자신에게 확신을 줄 수 있어야 한다.[29]

　이러한 정의가 개괄적이어서 추상적인 느낌을 준다면 똑같
은 취지를 보다 구체적인 예를 들어 설명한 리차드 트레이틀
Richard Treitel의 견해를 참조해보면 어떨까? 그는 영국 출신의
소프트웨어 엔지니어로 과학소설에 깊은 애정을 갖고 온라인
해설 사이트와 블로그를 운영 중이다.[30]

　　"과학소설은 단지 과학적으로 영향을 받은 세계관의 산
　물로 나온 소설의 일종이다. 개중에는 필립 K. 딕의 작품들
　처럼 노골적으로 테크놀로지적인 과학소설이 있는가 하면
　토마스 핀천Thomas Pynchon[31]의 작품들도 이 범주에 들어간
　다. ……"[32]

　이처럼 과학소설이 얼마나 과학적인 근거 내지 신빙성 있
어 보이는 논리적 설득력을 갖고 있느냐 하는 것은 본연의 과
학소설로 자리매김하기 위한 최소한의 요건이다. 여기에다 사
회적으로 심오한 철학이나 사상, 그리고 뛰어난 문학적 자질
(문체와 문장력)까지 보탠다면 그야말로 금상첨화일 것이다.
　마지막으로 하이테크 소설(High-tech fiction)의 경우에 오히려
과학소설이냐 아니냐를 두고 논란이 오간다는 것을 첨언하고
싶다. 이를테면 탐 클랜시Tom Clancy의 『붉은 10월 *The Hunt for*

Red October』(1984) 같은 작품이 이러한 논란거리에 해당된다. 두말할 나위 없이 이런 류의 작품들은 테크놀로지가 사람들에게 미치는 영향을 기술하고 있긴 하지만, 이러한 테크놀로지는 현재 엄연히 존재하고 있는데다가 작품 속의 등장인물들(예를 들면 군 특수요원)이 활보하는 일상세계에서 일부나마 이미 실용화되어 있다는 점에서 과학소설의 범주에서 제외해야 한다고 주장하는 이들이 있다. 이러한 유형에 속하는 작품들이 대개 B급 탐정소설보다 나을 바 없다보니 과학소설 애호가들의 큰 주목을 받지 못해 큰 논란으로까지 이어지지는 않는 모양이다. 아무튼 말을 타고 다니던 사람들에게 증기기관차의 테크놀로지가 미친 영향을 다룬 서부극들이 더러 있었다고 하는데 이러한 부류의 작품들을 두고 과연 과학소설이라 하는 것이 맞을까? 같은 맥락에서 첨단 과학기술이 문학 속으로 단순 이식된다고 해서 그것만으로 과학소설이라 부를 수 있는 걸까? 이에 대한 답은 과학소설을 사랑하는 독자 스스로가 내려보기 바란다.

3. 과학소설의 과학은 더 이상 '자연과학'만 의미하지 않는다.

과학소설에서 다루는 과학의 범위를 융통성 있게 바라볼 필요가 있다는 점을 바로 앞에서 설명한 바 있다. 이번에는 과학적인 논리나 사실을 융통성 있게 적용하는 기준만 아니라 과학이란 영역 자체에 대해 융통성 있게 논의해보자. 과학소설을 즐기는 독자들 가운데에는 Science Fiction의 'Science'를 '자연과학'으로만 단정하는 경향이 있다. 심지어 'Fiction'보다는 'Science'에 더 중점을 두어 과학소설이 과학을 널리 계몽하기 위한 선전문학쯤 된다고 이해하는 사람들도 있다. 이것은 아직까지 우리나라에서 '과학'하면 사회과학이나 인문과학을 머릿속에 떠올리는 데 익숙하지 못하다보니 으레 '자연과학'만 연상하게 되는 경향 때문일지 모른다. 그러나 사실 알고 보면 과학소설이 처음 등장하던 무렵부터 과학소설은 자연과학에만 빠져 있지는 않았다. 허벗 조지 웰즈Herbert George Wells의 『타임머신 *The Time Machine*』(1895)과 잭 런던Jack London[33]의 『강철군화 *The Iron Heel*』(1908), 예프게니 이바노비치 자먀찐Evgenii Ivanovich Zamyatin의 『우리 *We*』(1924), 올더스 레오나드 헉슬리Aldous Leonard Huxley의 『멋진 신세계 *Brave New World*』(1932) 그리고 조지 오웰George Orwell의 『1984년 *Nineteen Eighty Four*』(1949) 같은 고전들만 보더라도 자연과학뿐만 아니라 정치학과 언어학 그리고 사회학 및 사회심리학 등에 입각해서 인류 사회의 오늘과 내일을 내다보고 있잖은가. 특히『타임머신』과『멋진 신세계』그리고『강철군화』등에서 공통적으로 나타나는 극단적인 계급 갈등은 현대사회의 부조리를 예리하게 꿰뚫는 정치사회학적 풍자에 다름 아니다. 또한 로벗 스콜즈Robert E. Scholes[34]와 에릭 랩킨Eric S. Rabkin[35]으로부터 '양차 세계 대전 기간 동안 영국이 낳은 최고의 과학소설 작가'라는 평가를 받은 윌리엄 올라프 스태플든William Olaf Stapledon의 경

▲ 허벗 조지 웰즈의
초기 대표작 『타임머신』

▲ 잭 런던의 정치사회학
적 풍자가 담긴 과학소설
『강철군화』

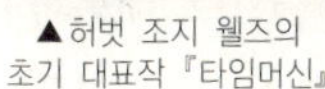

◀ 소련식 공산주의(볼세
비즘)을 혹독하게 비판한
과학소설『1984년』의 TV
영화판 포스터

◀ 소련 사회의 전체주
의화를 비판한 예프게니
이바노비치 자먀찐의 풍
자소설『우리』

▶ 올더스 레오나드 헉
슬리의 경고가 담겨있는
『멋진 신세계』

우에는 당시 자연과학이 입수한 최신 천문과학과 물리학 지식을 배경으로 윤리학과 철학적 관점에서 인류의 현재와 미래를 조망하는 거대담론이 담긴 장편들을 발표하여 많은 과학소설 작가들과 지식인들에게 큰 영향을 주었다. 『최후이자 최초의 인간; 가까운 미래와 먼 미래의 이야기 *Last and First Men: A Story of the Near and Far Future*』(1930)와 『별의 창조자 *Star Maker*』(1937)는 그의 이러한 관점을 대변하는 대표작들이다. 이상의 예에서 보듯이 원래 과학소설은 단순히 희한한 발명품으로 독자의 눈길을 끌어내려는 센세이션 한 실험실 대용품이 아니었으며, 그보다는 자연과학만이 아니라 인문사회과학적 시각에서 인류와 사회에 대한 예리한 통찰을 담아내는 수단에 가까웠다. 심지어 로저 조셉 젤러즈니Roger Joseph Zelazny[36]는 과학소설에 인도와 그리스의 신화를 끌어들여 자연과학과 신화학의 결합을 추구했으며, 프랭크 허벗Frank Herbert과 러브크래프트H. P. Lovecraft는 아예 기존 신화와는 독립된 작가 고유의

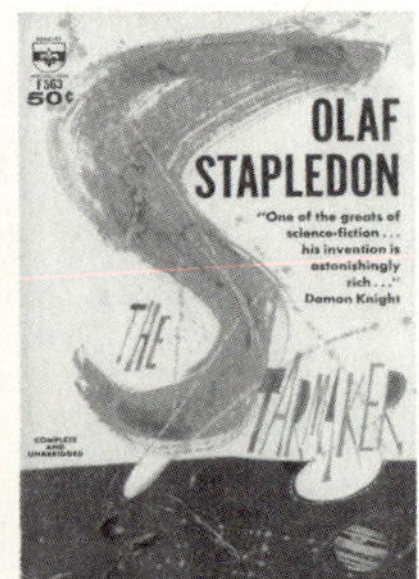

올라프 스태플든(좌)과 거시 진화론을 대표하는 두 장편 『최후이자 최초의 인간』(중)과 『별의 창조자』(우)

좌—미국의 과학소설 작가 러브크래프트
우—러브크래프트가 창안한 크툴루 외계인 신화

새로운 신화를 창조해내기에 이르렀다.[37] 이러한 경향과 관련
하여 스콜즈와 랩킨은 다음과 같이 풀이한다.

많은 비평가들에게는 SF의 두드러진 특징이 감정이 없는
기술적 외삽에 있지만, 모든 종류의 신화를 널리 이용하고
창조한다는 것은 SF가 무엇보다도 인간에 관한 소설이며 또
한 인간에 관한 소설로서 우리의 세계관과 인생관의 중심이
된 상징에 대한 고찰에 끊임없이 깊이 관여하고 있다는 것
을 상기시켜준다.[38]

독자대중이 과학소설의 '과학'이란 개념에 대해 자연과학
편향적인 편견을 갖게 된 데에는 휴고 건즈백 이래 미국에서
대중화된, 1950년대 이전의 펄프 과학소설들 대다수가 '에디
소네이드Edisonade'[39] 같은 천재발명가의 영웅담이나 신기한 발

19세기 에디소네이드 형식을 보여주는 예: 로봇 마부는 증기기관으로 움직이고 발명가는 늘 새로운 모험을 찾아나선다.

명과 발견 이야기에 열을 올린 풍조와 무관하지 않을 것이다. 하지만 사회의 복잡한 변화상을 앞당겨 생각해보고 때로는 미래에 빗대어 현재를 꼬집고자 하는 과학소설의 세계에서 자연과학만으로는 극적 전개를 위한 만반의 준비가 다 되었다고 장담하기 곤란하다. 환경오염, 핵무기, 유전공학 또는 생명공학의 각종 부산물, 디지털 미디어 시대의 국가 간 지역 간 기술적 격차 같은 문제들을 제대로 다루자면 자연과학자나 엔지니어들의 장기인 과학기술적 전문지식 외에도 정치경제학적 문제, 종교 내지 윤리·철학적 논란 그리고 심리학적인 문제 등을 중장기적 관점에서 소화해서 이야기로 풀어낼 수 있는 역량이 추가로 필요함은 당연할 것이다.

그럼에도 불구하고 오늘날 어느 나라에서나 출간되는 과학소설들 대다수가 웰즈 이후 오웰에 이르는 유럽 지식인들의 정치경제학적 또는 사회철학적 전통에 충실하지 못한 것이 사실이다. 오히려 대개의 과학소설들은 대중소설로서의 생존공식에 충실해 아예 위의 관점에는 신경조차 쓰지 않은 채 퉁방울눈을 한 눈요깃거리 외계인들을 등장시켜 판매부수 경쟁에 여념이 없다. 하지만 일부 작가들은 출판시장이 산업의 논리에 따라 움직일 수밖에 없음을 일견 인정하면서도 소설이 상품인 동시에 문화적 선도자로서의 사명을 게을리 하지 말아야 한다고 여긴다. 그러한 이들에게는 20세기 전후 유럽 지식인들이 쏟아낸 과학소설들이 하나의 교본이자 참고자료로서 자극제 역할을 할 수 있을 것이다.

미국에서 과학소설계가 단지 자연과학 일변도가 아니라 인문·사회과학에 진지한 관심을 본격적으로 갖게 된 계기는 1960년대 말 과학소설을 문학적으로 한 차원 업그레이드시키려 했던 '뉴웨이브new wave' 운동 덕분이다. 스콜즈와 랩킨이 만일 잭 런던이 1917년에 불과 40세의 나이로 요절하지 않았더라면 미국에서도 정치경제학적이고 사회철학적인 과학소설이 제한적이나마 일관된 족적을 남길 수 있었을 것이라고 아쉬워 한 바 있지만,[40] 20세기 후반 들어 미국의 일부 과학소설 작가들은 뜻을 같이하는 영국의 작가들과 함께 느슨하게나마 이른바 뉴웨이브라는 이름의 연대의식을 갖고 과학소설의 지평을 확장하려는 진지한 시도를 하기에 이른다. 이 새로운 문학사조는 과학소설이 외우주가 아니라 인간의 내우주, 즉 정신세계의 탐구에 빠져들도록 촉구했으며, 그 결과 다루고자 하는 주제와 소재들이 자연과학의 사고실험실 같은 정치적으로 탈색된 기존 작품들과는 달리 도발적이고 근본주의적인 물음을 지속적으로 제기하였다. 이를테면 외계인이나 로봇과의 성교, 성적 노출 과다, 동성애, 인종문제, 식인풍습, 베트남 전쟁에 대한 반전주의적 태도, 미디어와 광고를 포함한 자본주의 소비문화에 대한 비판, 기성종교에 대한 신성모독과 대안종교, 사이키델릭한 약물(또는 마약) 복용에 대한 묘사 등을 열거할 수 있다. 오히려 뉴웨이브 과학소설은 어떤 의미에서는 C. S. 루이스Clive Staples Lewis처럼 반과학적인 노선에 가까워서 과학을 통한 진정한 의미의 진보는 없다는 견해를 공공연히 표명했다.

뉴웨이브가 작가별로 실제로 어떠한 성과를 거두었는지, 그래서 자연과학 일변도로 한동안 기울었던 과학소설이 어떻게 다시 반대 방향까지 포용하게 되었는지 구체적으로 살펴보자. 미국의 경우 사무엘 딜레이니Samuel R. Delany[41]는 언어학과 기호학을 새로운 도구로 끌어들였고, 앞서 언급했듯이 로저 조셉 젤러즈니Roger Zelazny는 신화의 세계에서 과학소설의 소재를 빌려왔다. 해리 해리슨Harry Harrison은 인구과잉 문제를 식인풍습으로 해결하는 후기 산업자본주의판 전체주의 사회를 그린 『비좁아! 비좁아! *Make Room! Make Room!*』(1966)로 급진적인 사회의식을 드러냈으며, 노먼 스핀래드Norman Spinrad는 『철의 꿈 *The Iron Dream*』(1972)을 통해 통속적인 과학소설의 단골 메뉴이다시피 한 인종차별주의와 권력에 대한 소아병적인 도취를 풍자적으로 희화화 하였다. 한편 필립 호세 파머Philip Jose Farmer는 성에 대한 솔직한 묘사를 통해 자연과학 지향적

▲ 해리 해리슨

▶인구과잉문제를 다룬 그의 문제작 『비좁아!
비좁아!』(영화화되자 그 이미지를 채용하여 다
시 펴낸 판본)

◀인종차별주의를 희화한 『철의 꿈』

▼ 노먼 스핀래드

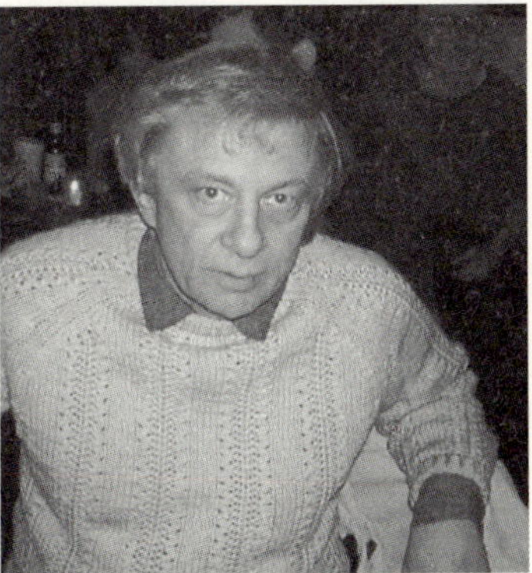

인 펄프잡지 기반의 기존 과학소설들이 지녔던 순결함을 과감하게 깨버렸다. 이외에도 할란 엘리슨Harlan Ellison, 토마스 디쉬Thomas M. Disch, 조애너 러스Joanna Russ 등이 이러한 노선에 한 때 가담했던 작가들이다. 영국에서는 『뉴월즈 New Worlds』라는 잡지의 편집장이자 작가로서 활동한 마이클 무어콕Michael Moorcock과 제임스 그레이엄 밸러드James Graham Ballard, 브라이언 윌슨 올디스Brian Wilson Aldiss[42]가 주도적인 뉴웨이브 작가로 꼽힌다. 밸러드는 기존 과학소설의 입장에서 보면 도저히 과학소설이라 여겨지기 어려울 만큼 자유분방한 방식으로 심리소설에 주력하였으며, 올디스는 환각제를 가지고 싸우는 전쟁을 겪은 세계를 포착하기 위해 제임스 조이스James Joyce[43]의 언어를 다루는 수법을 받아들여 응용하고자 하였다.

아울러 이와는 별도로 굳이 뉴웨이브 계열로 분류하지 않더라도 자기만의 세계에서 자연과학 일변도의 과학소설이 아닌 인문사회과학적 전망을 담은 작품들을 꾸준히 발표하는 일군의 작가들이 있다. 미국에는 과학소설과 주류문학을 오가며 비평적으로나 흥행적으로 성공하여 과학소설 전업작가들의 부러움을 사는 컷 보네것Kurt Vonnegut과 과학소설을 페미니즘의 정치실험장으로 여기는 어슐러 르 귄Ursula Le Guin 그리고 과

뉴웨이브 과학소설의 전진기지 역할을 한 영국 과학소설 잡지 『뉴월즈』

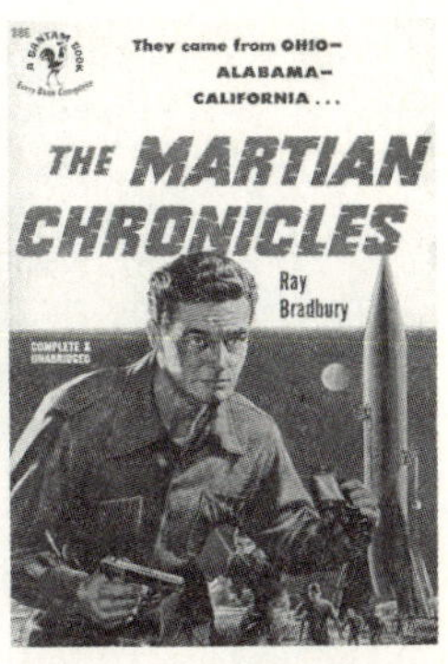

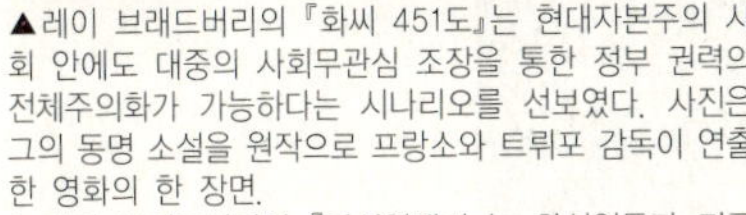

▲레이 브래드버리의 『화씨 451도』는 현대자본주의 사회 안에도 대중의 사회무관심 조장을 통한 정부 권력의 전체주의화가 가능하다는 시나리오를 선보였다. 사진은 그의 동명 소설을 원작으로 프랑소와 트뤼포 감독이 연출한 영화의 한 장면.
▶레이 브래드버리의 『화성연대기』는 화성인들과 지구인들의 삶을 대비함으로서 우리 사회의 부조리를 관조적인 필치로 그려낸 걸작으로 꼽힌다.

학소설 작가들 가운데 유일무이한 노벨상 후보로 거론되는 레이 브래드버리Ray Bradbury가 있다. 브래드버리는 "과학소설은 실제로 미래에 대한 사회학적인 연구"라고까지 말한 바 있는데, 그의 대표작 『화씨 451도 Fahrenheit 451』(1953)와 『화성연대기 The Martian Chronicles』(1950)를 보면 어째서 그렇게 단언할 수 있었는지 이해할 수 있다. 다시 말해서 브래드버리의 장·단편들을 읽어 보면 그가 시적인 작풍 못지않게 인간과 사회에 대한 사회학적 관심이 매우 깊다는 사실이 확인 가능하다. 미국 이외의 지역에서는 폴란드 작가 스타니스와프 렘Stanislaw Lem이 단연 주목할 만하다. 그는 상업문학 일변도의 미국 과학소설에 맞서 인류 문명의 오만을 풍자하는 철학적인 작품을 쓰는 경향이 있다. 이외 전업 과학소설 작가는 아니지만 영국의 안소니 버제스Anthony Burgess[44]의 장편소설 『시계태엽 오렌지 A Clockwork Orange』(1962)를 빼놓을 수 없다. 그는

빅3(아이작 아시모프, 로버트 하인라인, 아서 클락)와 함께 과학소설계의 거장으로 불리는 미국 과학소설 작가 레이 브래드버리. 사진은 2004년 미국 소설에 기여한 공로로 '예술 부문 국가 메달(National Medal of Arts)'을 받을 당시 부시 대통령 부부와 함께 기념 촬영한 모습이다.

2차대전 당시 등화관제 중이던 런던에서 강도 피해를 당해 유산까지 한 아내의 비극에서 영감을 얻은 이 작품을 통해 인간의 자유의지와 도덕률의 상충 관계를 검증하고자 하였다. 폭력적인 미치광이의 인위적 두뇌개조를 둘러싼 인도주의와 사회성의의 충돌을 다룬 이 디스토피아 이야기는 스탠리 큐브릭 Stanley Kubrick 감독의 동명 영화를 통해 더욱 유명해졌을 뿐만 아니라 많은 논란을 유발했다.

요약하면, 과학소설 가운데에는 작가의 역량에 따라, 자연과학의 테두리에 갇힌 다소 갑갑한 소설이 있는가 하면, 반대로 인문사회과학을 아우르면서 전방위적으로 미래를 조망하는 소설도 얼마든지 있다. 시야가 좁은 소설과 시야가 넓은 소설은 사실 어느 장르에서나 공존하고 있는 현상이다. 당신이 의욕이 넘치는 젊은 작가라면 과학소설이란 그릇을 빌어 어떻게 작품을 전개해 나가겠는가? 중요한 것은 작가의 역량이지 장르의 한계가 아니다.

4. 과학소설의 주인공은 등장인물이 아니라 그를 둘러싼 독창적인 세계다.

　미국의 과학소설 편집자 윌리스 맥널리Willis McNally는 과학소설의 진정한 주인공은 아이디어이지 사람이 아니라고 말한 바 있다. 이게 대체 무슨 엉뚱한 소리일까? 과학소설도 이른바 소설인 이상 등장인물들이 등장하여 이들의 행로를 따라가면서 줄거리가 생겨난다. 하지만 과학소설 작가는 인물의 성격화와 사건의 진행을 기술하는 정도로는 만족할 수 없다. 과학소설을 쓰는 작가 입장에서 더욱 중요한 관심사는 이야기의 토대나 배경을 어떻게 설정해서 그로 말미암아 독자들에게 어떤 경이로움과 통찰을 제공할 수 있느냐에 있다. 과학소설의 배경설정은 일반적으로 주류소설에 비해 상당히 독특할 수밖에 없다. 하지만 그냥 독특하다고만 해서 훌륭한 과학소설이 되는 것은 아니라는 데에 과학소설 창작의 묘미가 있다. 새로 발표하는 과학소설이 독자들과 평단의 주목을 받기 위해서는 그저 다른 사건 또는 차별화된 주인공(인물 성격화)만으로는 부족하다. 과학소설은 독자들의 시선을 잡아두기 위해 독특하고 낯선 세계나 환경을 제공하는데, 여기서 중요한 것은 그러한 배경 자체가 근본적인 의미에서는 그러한 무대 위에 선 등장인물보다도 더 중요한 역할을 수행한다는 사실이다.

▲미국의 과학소설 작가 래리 니븐, 1968년 3월 보스콘(Boskone)에서 텔레포테이션의 이론과 응용을 강의하고 있는 모습.(보스콘은 미국 보스턴 시에서 개최된 SF 컨벤션 이름이다.)

유명한 물리학자 프리먼 다이슨이 창안한 환천제를 변형시켜 래리 니븐이 고안한 『링월드』 ▲

◀링월드 시리즈에 등장하는 다양한 외계생물군의 모습

예를 들어 래리 니븐Larry Niven이 창조한 링월드Ringworld나 할 클레멘트Hal Clement가 형상화한 메스클린Mesklin 행성은 그곳을 무대로 행동하는 인물들의 이야기를 매개로 해서 자연스레 새로운 행성학에 대한 패러다임을 생각해보게 만든다. 링월드는 한 마디로 말해서 다이슨 환천체[45]의 변형된 우주공학적 얼개를 시험하는 마당이다. 외계인을 포함한 주인공 일행

하드 과학소설의 거장 할 클레멘트 　　　　　할 클레멘트의 대표작 『중력의 임무』

이 항성을 에워싼 환 궤도 모양의 행성 링월드에서 벌이는 긴박감 넘치는 액션 어드벤처 이야기를 통해 니븐이 이야기하고 싶었던 바는 구형 행성을 리엔지니어링하여 평탄한 아스팔트처럼 항성 궤도 주변을 따라 링 모양으로 재구성했을 때 야기되는 물리학적이자 구조공학적인 문제, 그리고 그러한 환경에서의 생태학적 문제이다. 한편 장편 『중력의 임무』의 무대가 되는 메스클린 행성은 높은 중력의 세계에 존재하는 생태계에 대한 탐구이다. 고중력 생태계 또는 고중력에서의 삶에 대한 사고실험을 한 또 다른 인상적인 작품으로는 클리포트 시맥 Clifford D. Simak의 연대기적 장편 『도시 *City*』(1952)에 수록된 단편 「탈주자」를 언급할 만하다. 여기서 인류는 목성의 주변 위성들이 아니라 아예 목성의 거대한 지표에서 식민지 개척에 나서는데,[46] 탐험대는 변신장비를 통해 자신들의 몸을 목성에 사는 기존 동물군 중에서 인간의 지성을 그대로 유지할 수 있는

신체와 신경계를 지
닌 '로우퍼'로 바꾼
다.47) 이는 목성의
대기압이 지구보다
90배나 높고48) 중력
은 3배가 높은 탓에
인간의 몸으로는 지

좌-미국의 과학소설 작가 클리포트 D. 시맥
우-클리포트 D. 시맥의 연대기적 장편『도시』

탱할 수 없을 뿐만 아니라 쉬지 않고 내리는 암모니아 비를
견뎌낼 재간이 없기 때문이다. 문제는 이 지옥 같은 환경에 최
적화된 신체로 탈바꿈했음에도 불구하고 목성의 세상으로 나간
선발대가 전부 행방불명이 되어버린다는 점이다. 할 수 없이
탐험대장과 그의 개가 마찬가지로 로우퍼로 변신하여 암모니
아와 메탄이 자욱한 세상으로 발을 내딛는 순간 곧바로 진상
이 드러난다. 그들은 행방불명 된 것이 아니었다. 로우퍼가 되
고 보니 그 엄청난 중력에도 불구하고 길쭉하고 유연한 몸으
로 껑충껑충 자유롭게 뛰어다닐 수 있는데다 산성 암모니아
비는 피부에 쾌감을 주고 도처에 무지개가 떠오르며 코에는
전에는 상상도 할 수 없었던 향기가 스며드는 것이었다.49) 행
방불명된 이들은 돌아올 수 없었던 것이 아니라 실은 인류를
저버린 것이었다. 이 단편은 환경결정론적 시점에서 인류가
나름대로 개발해온 잣대와 기준 그리고 나아가서 지식체계가
얼마나 주관적이고 파편적인지를 극명하게 보여주는 풍자극
이다. 물론 등장인물들의 개성을 압도하는 장대한 세계가 반드

시 외계의 낯선
곳이어야만 하
는 것은 아니다.
아서 클락Arthur C.
Clark의 『낙원의
샘 *The Fountains
of Paradise*』(1979)
을 보면 지구와

좌-영국의 과학소설 작가이자 빅3의 한 사람인 아서 C. 클락
우-우주엘리베이터를 소재로 한 아서 C. 클락의 장편『낙원의 샘』

인공위성 궤도 상공을 잇는 우주엘리베이터 건설이 주요한 설
정이자 배경이 된다. 지표에서 인공위성 궤도까지를 견고한
나노 케이블로 연결하여 화물과 사람을 운반하는 우주엘리베이
터는 허황된 개념이 아니다. 실제로 미 항공우주국을 위시한
미국 우주산업의 실용화 연구 분야 중 하나이다. 소설『낙원
의 샘』은 이러한 신기술환경의 도입이 인류의 삶과 미래를 어
떻게 근본적으로 바꿔놓을지에 대한 진지한 사색을 현실정치
와 연계해 실감나게 그려낸 바 있다.

　과학소설에서 등장인물은 단지 작가의 주제의식과 세계관
을 전달하기 위한 소도구에 불과하다는 점을 잘 보여주는 예
는 외계인과의 첫 접촉(First Contact)을 다룬 작품들에서도 얼마
든지 찾아볼 수 있다. 아서 클락의 걸작 장편소설『2001년 우
주 오디세이 *2001 a Space Odyssey*』(1968)와 『라마와의 랑데부
Rendezvous with Rama』(1973)를 보면, 여기서 진정한 주인공은
탐사에 나선 지구인 우주비행사들이 아니요, 우리보다 월등히

뛰어난 문명을 지닌 외계인들도 아니고, 수준차가 엄청난 두 문명의 만남이 빚어내는 갖가지 양상에 대한 통찰 그 자체임을 알아차릴 수 있다. 머레이 라인스터Murray Leinster[50)의 『최초의 접촉 *First Contact*』(1945)은 표면상으로는 지구인 우주선과 생면부지의 외계인 우주선의 첫 만남에 대한 불안과 공포를 그리고 있지만, 막상 한 껍질 벗겨보면 한도 끝도 없는 이데올로기의 우위경쟁으로 전 세계를 찬바람으로 덜덜 떨게 했던 미국측과 러시아측의 냉전을 마치 예견이나 한 듯, 불신으로 얼룩져 있는 지구촌 인류의 현실을 과학소설 형식을 빌어 우회적으로 풍자하고 있는 것에 다름 아니다.(이 작품이 잡지에 발표된 해가 1945년임을 감안해보라.)

과학소설의 이러한 성격은 초창기 유럽의 과학소설 고전 작품들에서도 얼마든지 찾아볼 수 있다. 가장 전형적인 예를 들사면 과학기술만능주의와 합리주의가 빚어낸 디스토피아를 그려낸 『멋진 신세계』, 지속적으로 전쟁을 일으키고 이를 통해 대중을 우민화하는 정교한 커뮤니케이션 정책을 집행하는 사회를 그린 『1984년』, 그리고 사람들의 성생활까지도 정부가 규제할 정도로 개인의 사생활을 일일이 간섭하는 미래를 통해 볼세비키 치하의 소비에트 사회주의를 비판한 『우리』 등이 있을 것이다. 이 작품들은 인물의 성격化에도 충실하긴 하지만 하나같이 그보다 더욱 근본적인 차원에서 사람들이 살아가는 사회의 제도와 환경의 특성을 포착하는 데 주안점을 두었다.

요약하면 과학소설에서 진정한 주인공은 살아 숨쉬는 인간

좌-미국의 과학소설 작가 머레이 라인스터
우-인류와 외계인 간에 첫 만남을 냉전적 시각에서 풀어나간 『최초의 접촉』

이나 외계인 같은 생물체가 아니라 그러한 피조물들이 활동하는 사회, 세계, 우주이다. 그러한 사회, 세계, 우주의 특성을 바꾸거나 새롭게 조건화 할 때 그 구성원들은 거기에 맞게 새로운 도전과 응전을 해야 하는 것이다. 일반소설에서는 주인공 내지 등장인물들의 역할이 지대하다. 하지만 과학소설에서는 인물들이 독자들의 시선을 지속적으로 붙잡아두는 역할을 하지만 정작 작품을 다 읽고 났을 때는 인물의 개성이나 성격화된 매력 못지않게 작품 전체를 관통하는 세계 및 그 세계를 인식하고 이해하는 방식에 매료되게 된다.

5. 과학소설이 미래를 반드시 예언할 필요는 없다. 미래에다 현재를 투영해보는 사고실험만으로도 그 가치는 충분하다.

"과학소설가들은 미래를 예측하지는 않는다. 예측한다고

해도 아무도 믿지 않을 것이다. (중략) 우리들 대부분은 어떤 식으로든 '미래' 같은 것이 있다는 것을 믿지도 않는다. 선택이 있을 뿐이다."51)   - 오슨 스캇 카드

인류에게 20세기는 물질과 정신 양 측면에서 정신없이 앞만 보고 뛰어온 100년이었다. 이제 또 다른 밀레니엄으로 들어선 21세기, 우리는 어디쯤 와 있으며 앞으로 어디를 향해 나아갈까? 흔히 과학소설은 주로 미래를 시대배경으로 삼다보니 미래에 대한 작가 나름대로의 지식과 안목을 총동원하여 예견과 통찰을 담게 마련이다. 1911년부터 잡지 『모던 일렉트로닉스 *Modern Electrics*』에 연재되기 시작한 휴고 건즈백Hugo Gernsback의 장편소설 『랠프 124C42+ *Ralph 124C42+*』에는 텔레비전 전화, 형광조명, 신소재, 자기녹음기, 마이크로필름, 스테인레스 강철, 선송신문, 태양전지, 자동판매기, 시체의 냉동보존 등 오늘날에야 실현된 것들을 조목조목 예언하고 있어 거의 한 세기의 격차를 두고 있는 오늘날의 독자들이 혀를 내두르게 한다. 하지만 왕왕 작가가 예언한 구체적인 사례가 정확히 들어맞는다 해서, 모든 과학소설이 그러한 사명에 불타올라야 하는 것은 아니다. 아이작 아시모프의 대하 장편 연작 『파운데이션 *Foundation*』(1952~1983)에 나오는 심리역사학(Psycho-history)처럼 수학적 데이터에 바탕 해서 정확하게 미래를 예견하는 것은 감히 미래학자들조차 엄두를 못 낼 일이다.

과학소설에서 중요한 것은 예언이 맞느냐 맞지 않느냐가

아니다. 정작 작가의 관심은
과학소설 형식을 빌려 예견
한 통찰의 핵심(구체적인 디테
일이 아니라)에 독자들이 공감
하고 나아가서는 그들의 세
계관과 사회 가치관을 정립
하는 데 힌트를 줄 수 있느
냐에 무게를 두고 있다. 작
가로서는 작품 속에서 예견
한 때가 실제로 닥쳐왔을 때
예언대로 되느냐 되지 않느
냐는 관심 밖의 문제이다. 현
실의 1984년이 조지 오웰이

수학적 데이터를 기반으로 미래를 예언하는
학문을 탄생시킨 아이작 아시모프의 대하 장
편 『파운데이션』 시리즈

1949년 발표한 『1984년』에서 우려한 대로 되지 않았다고 해
서 21세기에 그의 작품의 가치가 떨어지는 것은 아니잖은가?
『1984년』에서 중요한 것은 단지 특정 년도가 아니라 인류가
지나치게 중앙집권화된 권력과 과학의 결탁을 사전에 잘 제어
하지 못한다면 언제든지 전체주의의 노예가 될 수 있음을 경
고하는 데 있다.

작가들은 수많은 선택의 가짓수들 가운데서 자신의 비전에
걸맞는 미래상을 선택할 뿐이다. 어쩌면 그 비전의 가짓수는
세상에 존재하는 과학소설 작가들의 수만큼 많을지도 모른다.
결국 과학소설은 세계가 어떻게 변화할 가능성이 있는지 작가

의 지식과 상상력을 동원해 가상 실험을 해보는 마당인 셈이다. 한편에서는 유토피아를 통해, 또 다른 편에서는 디스토피아를 통해 과학소설은 인류의 근미래에서부터 머나먼 미래에이르기까지 다양한 해답을 내놓는다. 그렇다고 해서 그러한답들이 모두 100% 정답일 필요는 없다. 다만 그러한 답안들이 미래를 맞이하게 될 현대인들에게 사고의 폭을 넓혀주고편견과 선입관에서 벗어날 수 있게 해준다면 그 기본목표는일단 달성한 것이다. 달콤한 장밋빛 비전을 택할 것이냐 아니면 음울한 악몽을 택할 것이냐 하는 문제는 과학소설의 사고실험을 한층 흥미롭게 하는 조리법의 차이에 지나지 않는다.그러나 미래를 다루는 과학소설이 최대한 설득력을 갖기 위해서는 아무리 과학적으로 엄밀하게 구성된다 해도 현재와 과거의 파편에서 출발하는 것이 유리하다. 미래라는 것도 따지고보면 우리 자신의 과거와 현재의 연속선상에 있으니 말이다.

과학소설 작가들은 미래학자들이 아니며 결코 그런 척 한적도 없다. 중요한 것은 어떤 예측을 했을 때 그것이 흥분할만한 가치가 있는지 그리고 독창적인 감동을 주는지 하는 점이다. 미래에 대한 예언 내지 전망들이 어떤 경우에는 맞아떨어졌는가 하면 또 다른 경우에는 완전히 그릇된 판단이었음이밝혀진 적도 없지 않다.[52] 그러나 점괘가 맞든 틀리든 과학소설은 우리로 하여금 미래를 능동적으로 바라보도록 안내해준다. 단지 제시된 미래의 이미지를 그대로 받아들이라는 것이아니라 미래를 어떻게 보아야 할지 그 방법을 가르쳐 주는 것이 과학소설의 역할인 것이다. 이처럼 과학소설 덕에 우리는 상상된 미래라는 측면에서 우리의 과거, 현재 그리고 미래를 이해하고 경험할 수 있다. 결론적으로 말해서, 좁게 보면 과학소설은 미래를 보는 틀이기도 하지만 넓게 보면 오늘의 현실을 낯선 시각으로 다시 들여다보는 거울이 되기도 한다. 우리가 구성하는 미래는 어디까지나 우리의 선입관, 즉 과거와 현재의 지식에서 출발한 것이기 때문이다.

6. 과학소설은 변화를 다루는 문학이다.

18세기 말 이전 사람들의 시간관은 현재의 우리와는 질적으로 달랐다. 그들에게 미래란 그저 단순히 현재의 연장일 뿐이지 급격하고 본질적인 변화나 변혁 같은 것은 생각조차 해보지 못했다. 아무리 시간이 지나도 그것은 현재의 끊임없는 반복 내지 순환이라고 본 까닭이다. 당시만 해도 우주는 팽창하거나 수축하는 것이 아니라 영겁의 세월 전부터 그냥 그렇게 존재해왔고 앞으로도 그럴 것이라고 누구나 믿었던 것이다. 다윈의 진화론이 사기라며 다윈 머리를 원숭이 몸뚱이 위에 그려놓은 풍자만화가 사람들을 유쾌하게 해주던 시대 아니던가? 아마 다윈이 그보다 몇 백 년 전 태어나 똑같은 논리를 폈더라면, 외계의 다른 별들에도 지적인 생명체들이 존재할 가능성이 있다고 공개적으로 떠들고 다녔다가 이단으로 찍혀 화형당한 조르다노 브루노 꼴이 되지 않았을까? 기독교가 유럽인들의 정신세계를 꽉 틀어쥐고 지배한 1000년이 넘는 기간 동안에는 인류의 종말이 오면 다시 하느님이 이 땅에 내려와 세상을 파괴하고 새로 시작할 거란 순환론적인 사고방식이 당연하게 받아들여졌다. 인간의 능력이 일시적으로는 후퇴할지 몰라도 장기적으로는 꾸준히 발전하고 성장한다는 발상은 200~300년 전만 해도 꿈도 꾸지 못했다. 하지만 과학소설은 인간에게 현재와는 다른 미래 즉 새로운 지식, 새로운 발견, 새로운 변혁으로 가득 찬 시공간을 제시하였다. 어떻게 이게 가능했을까?

20세기에 들어선 이래 지구 안에서 인간의 발길이 닿지 않은 곳은 정말 드물어졌다. 산업혁명으로 시동이 걸린 인류 발전의 엔진은 어느새 화성을 이따금씩 기웃거리게 해주었다. 사람들은 질병을 치료하기 위해 더 이상 굿판을 벌이지 않는다. 그리니 양지가 있으면 음지도 있는 법이다. 인간과 인간, 민족과 민족, 국가와 국가 간의 다툼이 끝나지 않고 심지어 인류는 지구의 환경 생태계 자체를 위협할 지경에 이르렀다. 인류라는 종種은 이전의 어느 때보다도 왕성하게 활동하고 있지만 그 만큼 더 위협적이 되었으며, 많이 행복해진 만큼 많이 불행해졌다. 굳이 십자군 전쟁의 사상자 수와 세계 양차 대전의 사상자 수를 비교하지 않더라도 말이다. 우리는 이제 너무 강력해지고 숫자도 많아진 나머지 우리 스스로를 멸종시킬 수 있고 우리 홈그라운드인 지구를 통째로 말아먹을 수도 있는 경지에 이른 것이다.

　변화하고 있는 것은 단지 공간만이 아니다. 시간도 변하고 있다. 요즘 사람들이 변화를 체감하는 간격은 갈수록 짧아지고 있다. 컴퓨터의 혁명이라 할 개인용 컴퓨터가 나온 1980년대 이래 우리는 8비트에서 XT, AT를 거쳐 386, 486, 586, 펜티엄까지 숨 가쁘게 업데이트 해왔다. 이러한 변화가 단순히 컴퓨터 버전업 영역에만 해당되지 않는다는 것은 오늘날 점차 여가시간이 늘어나는 가정주부들의 가사노동 여건의 변화를 머릿속에 떠올려 보는 것으로 충분할 것이다. '문화지체'라는 말이 있다. 과학기술의 발전 속도에 사람들의 생각이나 가치관이 때맞춰 쫓아가지 못하고 뒤쳐지는 현상을 일컫는 용어이다. 컴맹 세대와 해커 세대가 공존하고 있는 현재 상황이 앞으로 50년, 100년 후에는 어떻게 되어 있을까? 다른 문학 장르들이 인간과 사회를 분석하는 기존의 보수적인 틀에 발목이 잡혀 갈팡질팡하는 사이, 과학소설은 초광속 우주선을 타고 변화의 무한한 스펙트럼을 좇아간다. 우리는 변화를 일으키고 견뎌낼 능력을 갖고 있다. 과학소설은 우리의 이러한 변화와 동일한 출발선상에서 뛰어나가거나, 때로는 그보다 훨씬 앞서서 부정출발(?)하는 달리기 주자인 셈이다. 그래서 흔히 과학소설을 '변화를 다룬 문학(The literature of change)'이라고 일컫는다. 문화가 과학적인 진보와 기술적인 발전 덕분에 많은 변화를 겪고 있고 갈수록 더욱 그러할 것으로 보이는 이 시대에, 이러한 변화를 다룬 이야기들이 변화에 대한 사람들의 감정(낙관적이든 아니든 간에)을 표현하는 방법으로 인기를 끌게 된다 해서

그다지 놀랄 일이 못된다. 과학소설 작가 프레데릭 폴Frederik
Pohl은 이러한 변화를 현 시대에 제대로 다룰 수 있는 문학형
식은 과학소설뿐이라고 역설한다.

> 당신도 알다시피 이것이야말로 과학소설의 본질이다. 우
> 리가 살고 있는 현실세계에 널리 퍼져 있는 크나큰 현실, 즉
> 변화라는 현실이다. 과학소설은 바로 변화의 문학이다. 사실
> 변화를 다룰 수 있는 문학 장르는 과학소설이 유일하다.[53]

과학소설 작가 제임스 건James Gunn은 변화의 범위와 변화
가 미치는 규모에 대해서 과학소설이 어느 정도의 포용력을
지니고 있는지 다음과 같이 설명한 바 있는데, 이것은 어찌 보
면 과학소설의 고유한 특질을 잘 표현한 일종의 정의라고 볼
수도 있다.

> 과학소설은 과거와 미래 또는 우리가 살고 있는 곳과는
> 아주 멀리 떨어진 곳에 투영됨으로써 실제 세계 사람들에
> 미친 변화의 결과(효과)를 다루는 문학의 한 갈래이다. 그것
> 은 과학적이거나 기술적인 변화에 종종 관심을 갖고 있으며
> 통상 한 개인이나 지역 공동체에 국한되는 관심사를 뛰어넘
> 는 규모의 큰 이슈를 다룬다. 때로는 문명이나 종 자체가 위
> 험이 빠지는 상황을 다루기도 한다.[54]

문명의 파괴 후 살아남은 클론 사회를 통해 반복해서 어리석음을 저지르는 인류의
우매함을 보여준 케이트 윌헬름의 『노래하던 새들도 지금은 사라지고』

한 발 더 나아가서 영국의 과학소설 평론가 존 클루트John Clute는 이러한 변화가 세계를 통제하려는 우리의 능력범위 안에 있거나 적어도 우리가 그것을 이해할 수 있게 그려내야 설득력이 있다고 주장한다. 변화를 서술하는 과학소설은 그 속성상 미래를 다룰 수밖에 없다. 하지만 미래는 현재와 이어진 무한한 시간대이므로, 독자 입장에서는 이해의 편의상 시점별로 나누어 아주 가까운 미래와 아주 먼 미래의 두 부류로 구분해 볼 수 있다. 전자의 예로는 케이트 윌헬름Kate Wilhelm의 『노래하던 새들도 지금은 사라지고 *Where Late the Sweet Birds Sang*』(1976)처럼 유전공학의 발달로 복제인간이 우리 사회에 미치는 영향을 다룬 작품들을 들 수 있다. 이러한 논의는 불과 몇 십 년 전만해도 허황된 논의로 여겨졌지만 이제는 정부가 관련법을 제정해 무분별한 인간 복제실험을 막아야 할 정도로 비약적인 빌진을 이룬 상황이다. 어쨌거나 『노래하던 새들도 지금은 사라지고』가 출간되던 1970년대 중반에는 유전공학에 대한 이해가 깊지 않았기 때문에 지금에 와서 보면 과학적인 디테일에서 오류가 발견되기도 하지만 기본적으로는 복제인간 개발 및 그로 인한 여파에 대해 충분히 공감할 수 있는 논리적 접근을 시도하고 있다. 그 결과 복제인간들이 기존 구세대 인간들과는 커뮤니케이션을 나누지 못하고 대신 별개의 독자적인 문화권을 형성하는 이야기를 통해 신세대와 구세대의 반목, 나아가서는 1960~1970년대 미국사회에 큰 영향을 일으킨 베트남 전쟁을 둘러싼 논란을 우회적으로 읽어낼 수 있다.

반면 아주 먼 미래의 이야기는 기준
이 모호해서 100년 후를 다룬 이야기에
서부터 심지어는 100억 년 이후의 까마
득한 미래를 무대로 한 이야기에 이르기
까지 다양해질 수 있다. 예를 들면, 존
윈담John Wyndham55)의 『번데기들 *The*

영국의 과학소설 작가
존 윈담

Chrysalids』 같은 '대재앙 이후(post-holocaust)' 이야기56)들은 우
리보다 세상을 통제하거나 이해할 능력이 뒤떨어지는 문화들
을 묘사하지만, 그들의 세계가 왜 그렇게 되었는지에 관해 우
리가 과학적으로 이해할 수 있게 구성된다. 또한 현대 과학으
로는 아직 실현할 수 없지만 장차 개발을 기대해볼 만한 미래
의 테크놀로지 중 하나로 핵융합 엔진으로 추진하는 우주선도
이 정도의 미래에서라면 부담 없이 다뤄질 만한 소재가 된다.
심지어 어떤 이야기들은 과연 그런 것이 가능할까 싶을 정도
로 믿겨지지 않는 미래의 과학으로 우리의 혼을 빼놓는다. 특
히 다뤄지는 시간대가 아주 멀리 뒤로 갈수록 작품의 주제는
인류가 과연 하나의 종으로서 멸종하지 않고 살아남을 수 있
는가, 또는 이 우주가 존재하는 한 인류가 지속적으로 살아남
을 수 있을 것인가에 초점이 맞춰진다. 『별의 창조자 *Star
Maker*』를 비롯한 윌리엄 올라프 스태플든William Olaf Stapledon
의 작품들이 대표적인 예가 될 것이다. 이러한 방향으로 치우
쳐 너무나 머나 먼 미래를 조망하다 보면 과학소설이 종교소
설과 구분하기 어려워질 가능성이 있다. 만일 그렇게까지 오

랫동안 인류가 살아남는다면 우리의 육신과 영혼은 어떻게 변모할 것인가 하는 물음에 직면하게 될 테니 말이다. 하지만 어떤 시대를 배경으로 하건 간에 작가가 우리가 살고 있는 세계와 공감이 가는 요소들을 일부 남겨놓는다면, 우리는 적어도 그 이야기에서 묘사된 세계가 언젠가는 다가오지 않을까 하는 믿음을 갖게 된다. 이러한 조건을 대중적으로 가장 잘 활용하는 작가로 마이클 크라이튼Michael Crichton을 빼놓을 수 없다.

이처럼 과학소설에서 변화를 주요 관심사로 다루는 까닭은 단지 가상 조건의 대입 시뮬레이션을 통해 단순히 엔터테인먼트(유희)뿐만 아니라 대안이 될 만한 세계나 정책, 방법론 등을 구체적이고 실감나게 전달하기 위해서이기도 하다. 물론 그러한 변화의 폭과 감동의 깊이는 작가의 역량에 따라 천차만별이므로 일반화하기 어렵다. 하지만 과학소설은 외삽이라는 문학적 기법을 통해 변화할 수 있는 세상과 사회 그리고 개인의 모든 가능성에 대해 사고실험을 해 본다는 점에서 다른 어떤 문학형식보다 자유로우면서도 강력한 입장에 있다고 볼 수 있다. 변화의 강도가 강할수록, 즉 변화 이전과 이후의 단절이 클수록 외삽의 효과는 커진다. 이 말의 의미를 구체적으로 음미하기 위해서는 과학소설 작가이자 대학에서 과학소설 강좌를 가르치는 교수인 제임스 건의 설명이 도움이 될 것이다.

아마 '단절의 문학'이란 용어는 대체역사적이고 사변적

인, 일종의 이야기에 적합하며, 여기서 그 이야기의 기반은 새롭고 이질적인 요소이다. 그러나 '이러한 일이 벌어진다면' 하는 식의 유형, 즉 프레데릭 폴Frederik Pohl과 시릴 콘블루쓰Cyril M. Kornbluth의 『우주상인 *The Space Merchants*』(1953) 같은 외삽 형식의 이야기에 대해서는 어떠한가? 나로서는 우리가 『우주상인』을 과학소설로 인식한다고 보는데, 그 이유는 그러한 외삽이 실제로 단절적인 변화의 중요하고도 충분한 누적을 제공하기 때문이다. 만일 외삽의 규모가 미미하고 충분히 단절적이지 않다면 『5월의 7일간 *Seven Days in May*』(1962)[57]과 「닥터 스트레인지러브 *Dr. Strangelove*」[58]에서처럼 그것들은 우리에게 그다지 과학소설 같은 느낌이 덜 들 것이다.[59]

요약하면, 과학소설은 20세기를 제대로 꿰뚫어 본 문학이자 새로운 밀레니엄을 객관적으로 바라볼 수 있는 통찰력을 갖춘 '변화의 문학'이다. 어찌 보면 과학소설은 우리가 살고 있는 이 시대의 진정한 성격을 입체적으로 설명해줄 수 있는 거의 유일한 문학이 아닐까?

7. 사변소설도 넓은 의미에서 과학소설에 포함된다.

"모든 소설은 은유이다. 과학소설도 은유이다."

-어슐러 크뢰버 르 귄

자신의 대표작『어둠의 왼손 *The Left Hand of Darkness*』(196
9)[60] 서문에서 위와 같이 밝힌 어슐러 크뢰버 르 귄Ursula Kroeber
Le Guin의 입장은 사변소설과 과학소설 사이의 미묘한 차이와
공통점을 극명하게 시사한다. 1960년대 말 뉴웨이브 운동 이래
미국 시장을 주도하던 과학소설은 자연과학자의 실험실에서
뛰쳐나와 사회의 구조적인 부조리나 인간의 내면세계를 끌어
안으려 시도해왔다. 뉴웨이브 운동 자체는 이렇다 할 대표작
없이 이념만 앞서간 채, 어영부영 주류 과학소설계에 흡수되고
말았지만, 전통적인 과학소설이나 하드SF를 지향하던 대다수
작가들의 반발을 산 것 못지않게 그들이 대응논리에 부심하게
만들었고, 결과적으로 현대 과학소설이 질적인 도약을 하는 데
견인차 역할을 했다는 것이 일반적인 평가이다.

이러한 과정에서 일부 작가들은 과학소설의 틀을 좀 더 유
연히고 폭넓게 가서가기 위해 '사변소설(Speculative Fiction)'이란
용어를 쓰기 시작했다. 이로서 자연과학은 물론이고 인문사회
과학에도 너무 빡빡하게 얽매이지 않고 인간의 사고를 넓혀주
는 소설은 모두 사변소설이라는 범주에 들어가게 되었다. 이
러한 유형의 작품들은 과학을 드라마 짜기의 기본원칙으로 삼
기보다는 작가 자신의 사색을 깊이 있게 하는 데 필요한 소도
구쯤으로 격하시키기를 서슴지 않는다. 어슐러 르 귄의『어둠
의 왼손』이나 제임스 그레이엄 밸러드James Graham Ballard의『크
리스탈 월드 *The Crystal World*』(1966)가 우리나라에 소개된 대
표적인 예이다. 컷 보네것Kurt Vonnegut의 작품들도 어떻게 보

좌―성에 대한 고정관념을 양성 외계인 사회를 통해 과학소설적 외삽으로 풀어낸 어슐러 르 귄의
『어둠의 왼손』
우―사람을 비롯해서 모든 것이 크리스탈로 변해가는 세계를 통해 몽환적 세기말의 노스탤지어를
담아낸 제임스 G. 밸러드의 『크리스탈 월드』

느냐에 따라 이 울타리 안에 포함시킬 수 있을 것이다. 하드SF 진영에서는 사변소설을 과학소설의 격을 높인답시고 순수문학의 사이비 동생 노릇을 하는 이단이라며 곱지 않은 시선으로 바라본다. 아무튼 정의의 폭을 넓게 잡으면 사변소설도 과학소설의 한 갈래로 볼 수 있다.

8. 과학소설의 사건은 세상에서 독립되어 있지 않다. 오히려 세상을 뒤바꾸어 놓을 확률이 높다.

영국의 과학소설 평론가 존 클루트John Clute에 따르면, 과학소설은 세상을 뒤흔들어 놓는 변화에 관한 것이지 지엽적인 변화에 관한 문학이 아니다. 예를 들어 찰스 디킨스(Charles John Huffam Dickens, 1812~1870)의 『올리버 트위스트 *Oliver Twist*』(1838)가 자신의 진정한 가정을 찾아낸 것은 그로서는 큰 변화임에 틀림없지만, 그의 발견이 이 세상의 지배 법칙들을 뒤바꿔놓지는 못한다. 그러나 만약 올리버가 외계인이라면 이야기가 달라진다. 즉 주인공이 스티븐 스필버그의 영화에 나오는 'E.T.'라면, 그가 지구인 친구들을 뒤로 하고 고향별로 돌아가는 것은 이 세상에 허리케인 같은 변화를 몰고 올 것이다. 이는 더 이상 우리가 외롭지 않다는 깨달음과 더불어 미래를 준비하는 태도에도 변화를 줄 것이기 때문이다. 종교인들은 새로운 변화에 적응할 수 있는 논리를 찾아내야 할 테고, 어쩌면 머레이 라인스터Murray Leinster의 『최초의 접촉 *First Contact*』에서처럼 지구인과 외계인 개개인의 의사와는 상관없는 고등문명 간의 우연한 접촉은 자기 보호 본능에서 비롯된 신냉전을

▲윌리엄 깁슨의 초기 대표작 『뉴로맨서』
◀미국 사이버펑크 운동의 대부 윌리엄 깁슨

유발할지도 모른다. 미국의 과학소설 작가 그레고리 벤포드 Gregory Benford의 말처럼 과학소설은 당신과 당신의 사회 환경을 어떤 식으로든 뒤집어 놓을 수 있다. 악몽과 비전이란 동전의 양면을 내보이면서 과학소설은 변화를 모색하는 위태로운 줄타기를 하고 있는 셈이다. 그래서 미래학자 앨빈 토플러 Alvin Toffler는 과학소설이야말로 인간중심주의와 일시적인 편협성에 맞서 문명 전체를 개방화로 이끌어 나가는 문학이라고 했던 것이다.

9. 과학소설도 문학성을 추구한다는 점에서는 일반문학과 다를 것이 없다.

흔히 과학소설이라고 하면 '딱딱하고 정서적으로 메마른 과학 이야기'라는 선입감을 갖기 쉽다. 실제로 미국의 초창기 펄프잡지에 연재된 과학소설들 대다수는 문학적인 실험보다는 과학자가 발명가이자 액션영웅으로서 종횡무진 활약하는 모험담에 치중한 에디소네이드 유형에 가까웠던 모양이다. 하지만 분명한 것은 과학소설도 문학의 한 갈래라는 사실이다. 그러니 일반문학에서 추구하는 소위 '문학성'이라는 당위성이 과학소설이라고 비껴 나갈리 없다. 오히려 현대의 첨단과학기술사회에서는 과학소설이 문학적으로 완성도 높은 언어와 표현으로 거듭날 때, 향후 문학의 적자는 순수문학이 아니라 어쩌면 과학소설이 될 지도 모를 일이다. 이 책의 여러 글에서

누차 역설했듯이 과학소설의 나이가 이제 200살에 가깝다 보니 여러 가지 문학사조가 서로 부딪치고 포용하며 발전을 거듭한 끝에 이제는 남부럽지 않은 문학성을 유지하는 과학소설의 고전들이 적지 않다. 윌리엄 포드 깁슨William Ford Gibson의 『뉴로맨서 *Neuromancer*』(1984)[61]와 씨어도어 스터전(Theodore Sturgeon, 1918~1985)의 『인간을 넘어서 *More Than Human*』(1953), 조 홀드먼Joe Haldeman의 『영원한 전쟁 *The Forever War*』(1974), 알프레드 베스터Alfred Bester의 『파괴된 사나이 *The Demolished Man*』(1951), 케이트 윌헬름Kate Wilhelm의 『노래하던 새들도 지금은 사라지고 *Where Late the Sweet Birds Sang*』(1976), 그리고 유려한 문체로 이름난 로저 젤러즈니Roger Zelazny의 작품들과 레이 브래드버리Ray Bradbury의 시적인 작품들, 살을 베어내는 듯한 잔혹한 풍자로 인간을 들여다보는 컷 보네것Kurt Vonnegut의 작품들 등 국내에 번역된 작품들의 예만 들어도 수두룩하다. 국내 작가로는 일찍이 복거일이 그 가능성을 보여준 바 있고 듀나의 뒤를 이어서 김보영과 박성환 같은 신진 작가들이 문학성과 과학적 통찰을 겸비한 수준 높은 작품들을 내놓고 있다.

사족으로 한 가지 첨언하고 싶은 사실이 있다. 최근 들어 흥미롭게도 단지 과학소설 전업작가들뿐만 아니라 이들과 마찬가지로 늘 새로운 주제와 형식실험에 목말라 하게 마련인 일반문학계의 작가들 일부가 과학소설을 쓰는 데 가세하고 있다. 이러한 시도는 지난 몇 년 사이 국내에서도 일부 시도되어

왔지만 해외에서의 상황이 훨씬 더 본격적으로 보인다. 대중소설과 고급소설을 쓰는 일반문학계의 주요 작가들 가운데 최근 장편 과학소설을 출간하는 이들의 면면을 보면 다음과 같다. 도리스 메이 레싱Doris May

노벨상 수상자인 일본의 오에 겐자부로. 그는 과학소설로 분류할 수 있는 『치료탑』과 『치료탑 행성』을 집필하였다.

Lessing[62], 고어 비달Gore Vidal[63], 매거릿 앳우드Margaret Atwood, 피터 애크로이드Peter Ackroyd, 아이라 레빈Ira Levin, 제임스P. D. James, 폴 써로우Paul Theroux……. 한편 동양에서는 일본의 노벨 문학상 수상자 오에 겐자부로(大江健三郎)가 『치료탑』과 『치료탑 행성』이란 두 편의 과학소설을 발표한 바 있다. 전업작가의 손으로건 일반문학계 출신 작가의 외도이건 간에, 과학소설이 여러 유형의 작가들을 크로스오버 하면서 독자들에게 완성도 높은 문학으로 다가선다는 것은 중요한 의미가 있다. 단순히 과학소설이 ‘미래의 문학’으로 멀찌감치 떨어져 있기보다는 인간의 존재조건을 사색하고 오늘의 사회 현실을 되돌아보게 하는 문학 본연의 기능을 한다고 보았을 때 더욱 그렇다.

과학소설 : 과학을 딛고 올라선 문학

과학소설에 대해서는 시대상황과 작가의 입장에 따라 조금씩 미묘한 뉘앙스의 차이가 있기는 하지만, 지금까지 살펴본 규칙들을 하나로 뭉뚱그려 보면 '과학소설은 과학이 인간과 사회에 미치는 모든 영향을 문학적 상상력을 동원해 풀어본 해석이다'라는 정의에 이의를 달 사람은 없을 것 같다. 예를 들어 복거일의 『파란 달 아래』는 과학기술 문명의 발달이 남북간의 긴장관계를 변화시키고 어쩌면 희망을 가져올 수 있지 않을까 하는 기대를 바닥에 깔고 있다. 실제로 작가들이 저마다 이런저런 지면을 통해 과학소설에 대한 정의를 내리고 있고 필자 또한 그러한 예들을 한데 모아 이미 이 글의 서두에서 논의한 바 있지만 그 중에서도 가장 융통성이 있고 두고두고 오랫동안 받아들여질 만한 정의 하나를 이 글의 대단원 장식을 위해 남겨 놓았다. 그것은 영국의 과학소설 작가이자 평론가인 브라이언 윌슨 올디스Brian Wilson Aldiss의 정의이다.

> 과학소설은 우주에서 인간에 대한 정의와 그 위상을 알고자, 혼란스럽지만 진보하고 있는 지식의 테두리 안에서 노력하는 것이다.

남북분단도 과학소설의 소재 내지 주제가 될 수 있다는 것을 이미 복거일이 보여주었듯이, 그리고 듀나가 『대리전』(2006)을 통해 우리나라의 변두리 학교 운동장도 인간의 몸을 빌린 외계인들의 난장판이 될 수 있다는 우리식 해학을 보여주었듯이, 과학소설은 더 이상 유럽 지식인이나 미국 상업작가들의 전유물만은 아니다. 현실을 돌아보면 아직 우리나라는 복잡한 국제정세의 틈바구니에 놓인 채 할 말 다 못하고 사는 반벙어리 신세이다. 미국의 탐사 우주선이 화성에서 기염을 토하는 사이, 우리는 무엇을 하고 있었는가? 그냥 인류의 일원으로서 텔레비전 화면을 보며 열광하는 것으로 충분했던 것일까? 왜 우리는 핵무기의 찬반양론을 들어보지도 않고 부랴부랴 비핵화 선언을 했던 것일까? 또 21세기 이후의 고도정보사회에서 우리 개인들은 어떻게 자신의 담을 쌓고 또 허물어야할까? 이렇듯 우리를 에워싸고 있는 모든 문제들을 일반문학의 직설적인 화법만으로 담기에는 너무 부족하다.

　과학소설은 수수께끼의 시대(선형적인 시대든 비선형적인 시대든 간에)와 씨름하면서 현대의 이단이자 사변적인 상상의 극단을 보여준다. 우리의 모토는 이 세상에 비밀이란 결코 없으며 겁낼 것도 전혀 없다는 것이다.
　　　　-프랭크 허벗(Frank Herbert: 작가, 영화 「듄 *Dune*」의 원작자)

　프랭크 허벗의 위와 같은 대담한 주장에서 보듯이, 과학소설은 과학이란 근거를 전위에 내세우지만 그 표현 형식상 다분히 표현주의적인 성향이 짙다. 실제 세계를 그대로 묘사하는 것이 아니라 미래라는 허울 아래 가상의 세계를 세워 그 시공간과 현실의 시공간 사이의 장단점을 연결하기 때문이다. 흔히 '외삽'이라고 불리는 과학소설의 가상 시제 대입법은 언뜻 낯설고 생경해보이지만 궁극적으로 하고자 하는 이야기는 일반문학과 다를 바 없다. 로봇이 나오고 외계인이 나와도 현실에 대한 비유와 풍자가 적절하다면, 그리고 미래에 대한 사고실험을 통해 그 미래가 다가오기 전에 실수의 가능성을 줄일 수 있다면 과학소설은 그 소임을 충분히 다한 것이리라.

주

1) 위 사업의 주관부서는 실제로는 존재할리 없는 부서인 '우주 개발 사업본부'라는 이름으로 진행되었다고 한다. (http://www.tokyo-np.co.jp/00/kei/20050205/mng_____kei_____00 2.shtml)

2) 대중문화연구회의 김창식은 「서양과학소설의 국내 수용과정에 관하여」란 논문 58쪽에서 비록 미완성 원고이기는 하나 1907년 박용희의 『해저여행기담』이 이해조의 작품보다 1년 앞서 발표되었다고 밝히고 있다. 『철세계』는 쥘 베르느의 『인도왕녀의 유산』을 번안한 것이고 『해저여행기담』은 같은 작가의 『해저 2만 리 20,000 Leagues Under the Sea』를 번안한 것이다. 따라서 완성된 작품을 기준으로 하면 1908년 『철세계』가 국내 최초의 과학소설이 맞다. 하지만 원작인 쥘 베르느의 『해저 2만 리』를 1/2밖에 번안하지 않았다고는 하나 국내 지면에 우리말로 선보인 최초의 과학소설이란 기준을 적용한다면 『해저여행기담』이 국내 최초 과학소설이 되어야 맞다. (대중문학연구회 편, 『과학소설이란 무엇인가』, 국학자료원, 2000, 55-91쪽.)

3) 과학소설 팬은 여성보다 남성이 많은 편이다. 그러나 최초의 과학소설 작가는 여성이었다.

4) 20세기 초 러시아의 소설가(1884~1937). 쌍뜨 뻬쩨르부르그 이공대학 조선학과造船學科를 졸업했으며 1916년 조선기사로 영국에 파견되어 쇄빙선 알렉산드르 네프스키호(후에 레닌호로 개칭) 건조에 참여했다. 원래 볼세비키 지지자였던 그는 러시아 혁명 이후 귀국하였으며 기계화된 문명사회를 풍자한 『섬사람들』(1918)을 비롯하여 대담한 실험적 기법으로 혁명 직후의 사회상황을 묘사한 작품을 계속 발표했다. 자먀찐은 40여종에 달하는 단편, 우화, 극본, 에세이와 2권의 장편소설을 썼다. 그 중에서도 대표작은 29세기를 배경으로 한 전체주의에 대한 풍자소설 『우리』(1920)로서, 디스토피아 소설의 대표작으로 손꼽히는 이 작품은 올더스 헉슬리의 『멋진 신세계』와 조지 오웰의 『1984년』에 심대한 영향을 미쳤다는 평가를 받고

있다. 불행히도 『우리』는 소비에트 러시아 치하에서는 체제 비판적 내용으로 인해 소련 내 출판이 금지되었으며 후에 체코슬로바키아에서 러시아어판을 출판하였지만 이 때문에 반혁명분자로 낙인찍혀 망명하였다. 이 장편소설은 후일 고르바초프의 페레스트로이카 선풍을 타고 비로소 빛을 보기에 이르렀다. 그의 작풍은 소비에트 전체주의에 대한 풍자적인 비판과 맞물려 있다 보니 러시아 작가임에도 불구하고 오히려 미국에서 많은 연구가 이뤄졌다.

5) 20세기 전반의 영국의 소설가로 본명은 에릭 아서 블레어(Eric Arthur Blair, 1903~1950)다. 처녀작 르포르타주 『파리·런던의 바닥생활』(1933)에 이어 식민지 백인 관리의 잔혹상을 묘사한 소설 『버마의 나날』(1934)로 문단의 인정을 받았다. 그 후 사회주의로 전향하여 1937년 말 에스파냐로 건너가 공화제 지지 의용군에 투신하였으나 좌익 내부의 격심한 당파 싸움에 휘말려 귀국하고 만다. 이 환멸의 기록이 『카탈로니아 찬가 *Hamage to Catalonia*』(1938)이다. 이후 사회주의에 대해 비판적 입장으로 돌아선 그는 1944년 러시아 혁명과 스탈린의 배신에 바탕을 둔 정치우화 『동물농장 *Animal Farm*』으로 명성을 얻었으며, 1949년 그의 대표작이라 할 『1984년 *Nineteen Eighty Four*』를 발표하였다. 『1984년』은 현대 산업사회가 전체주의로 지날을 경우 맞이하게 될 디스토피아를 그렸으며 공산주의 사회의의 암울한 미래를 정치사회학 및 언어학적 관점에서 기술하여 주목을 받았다.

6) 『니코폴』 3부작은 첫 권이 나올 때부터 프랑스 전역에서 큰 반향을 불러 일으켰으며 권위 있는 월간 서평지 『리르』에 의해 1992년 '최고의 책'으로 선정된 바 있다. 만화가 문학작품이나 예술작품, 인문과학 서적이나 자연과학 서적 등을 제치고 '그 해에 나온 가장 뛰어난 작품'으로 선정된 것은 그 때까지만 해도 전무한 일이었다고 한다.

7) 외삽(Extrapolation)이란 과학소설에서 과거에서 현재까지의 자료를 사용해 미래를 연역하는 수법을 의미하며, 원래 통계 예측에서 쓰이던 용어이다.

8) SF와 SFX란 용어의 의미 차이에 대해서는 사람들 사이에 많은 혼동이 있으므로 이 자리를 빌려 구분해보자. 이 두 가지 용어

가 부주의하게 혼용되는 까닭은 단지 SF 자체에 대한 우리나
라 대중의 관심부족 탓만은 아니다. SF적인 플롯에 특수효과를
뒤범벅한 할리우드산産 블록버스터 액션영화들이 범람하고 있
는 현실과도 무관하지 않다. 원래 SFX는 special effect를 의미하
는 약어로 일반적인 촬영이나 편집으로는 표현 불가능한 영역
을 실감나게 재현하는 모든 종류의 특수효과를 의미한다.

9) 미국에서 싸구려 종이에다 흥미위주의 오락적인 내용을 담아
출간한 20세기 초중반의 대중적인 잡지들을 일컫는 총칭이다.

10) 때로는 그 규칙을 비틀거나 뒤엎는, 장르 전복적인 작품이 나
타나기도 하는데, 이 역시 해당 장르가 존재하지 않았더라면
생각할 수도 없는 일일 터이므로 여기서는 논외로 하겠다.

11) 심지어 이들은 온라인망을 통해 자신들의 절판본 입수 경로
를 다른 독자들과 자랑스레 공유하려드는 경향도 있다.

12) Bruce Sterling, "A Century of Science Fiction", *Time*, 1999.3.20.
(http://www.time.com/time/time100/scientist/other/science.html)

13) 황정상, 『과학환상문학창작』, 문학예술종합출판사, 1993, 33쪽.

14) 오슨 스캇 카드, 송경아 옮김, 『당신도 해리 포터를 쓸 수 있
다』, 북하우스, 2007, 31쪽.

15) 카드에 따르면, 미국에서 저명한 작가, 평론가, 편집자 그리
고 단행본 출판사는 과학소설 출판시장에 지대한 영향력을
지니고 있어 이들이 특정 작품을 과학소설이라 규정하면 그
것은 과학소설로 시장에서 인정받는다고 한다.

16) Robert Silverberg, *Reflections & Refraction*, Underwood Books, 1997,
pp.1-4.

17) 엘리자베스 문, 정소연 옮김, 『어둠의 속도』, 북스피어, 2007,
559쪽.

18) 모든 SF 콘텐츠의 원류이자 원조가 바로 과학소설이므로, 과
학소설에 대한 개념만 이해하면 나머지는 매체의 각 특성에
맞춰 가감해 받아들이는 것으로 충분할 것이다.

19) 로봇공학 3원칙(three "Laws of Robotics")은 1940년대 아이작 아
시모프가 창안한 것으로, 인간을 위해 봉사하는 로봇들이 지
켜야 할 안전수칙이다. 이것은 로봇이 오작동으로 인간에게
위해를 가하거나 스스로를 파괴하지 않도록 하기 위함이다.

2006년 12월에, 현재의 기술수준을 고려할 때 비록 상징적인 조치이기는 하나, 이 원칙은 세계 최초로 우리나라의 산업자원부 기술표준원에서 국가표준규격으로 채택되었다. 애초에 로봇 3원칙은 지나치게 두뇌가 진보된 로봇의 명령불복종을 미연에 방지할 필요가 있다고 본 과학소설 상의 가정에 불과했으나, 그 동안 발전을 거듭한 로봇공학이 산업현장뿐 아니라 실생활에 도입되고 서비스 로봇의 실용화가 다각적으로 논의됨에 따라 다시 이 3원칙에 주목하게 된 것이다. 아시모프의 소설에 처음 등장한 이 3원칙은 후에 0원칙이 추가되어 최종적으로 4원칙이 되었다. 로봇공학의 4원칙은 다음과 같다.

0법칙. 로봇은 인류에게 직접적으로 해를 끼치면 안 될 뿐만 아니라 제때 작동하지 못해 본의 아니게 인류에게 피해가 야기되도록 방치해서도 안 된다. 나머지 세 법칙은 이 법칙을 최우선으로 하여 연쇄적으로 수정된다.

1법칙. 상위 법칙을 위반하지 않는 한, 로봇은 인간을 다치게 해서는 안 되며, 제때 작동하지 못해 인간에게 피해가 야기되도록 방치해서도 안 된다.

2법칙. 상위 법칙을 위반하지 않는 한, 로봇은 인간의 명령에 따라야 한다.

3법칙. 상위 법칙을 위반하지 않는 한, 로봇은 자신을 보호해야 한다.

20) 진동우주론(振動宇宙論, oscillating cosmology)이라고도 한다. 맥동우주론脈動宇宙論은 우주가 팽창과 수축을 교대로 반복한다는 이론으로, 미국의 물리학자 조지 앤서니 가모우George Anthony Gamow가 주장했다. 이 가설에 따르면, 우주는 현재의 팽창기(Big Bang: 대폭발) 이전에 수축기(Big Crunch: 대붕괴)가 있었고 앞으로도 임계점에 다다르게 되면 우주가 다시 수축을 하는 식으로, 우주의 역사 자체가 팽창과 수축의 영원한 반복이다. 이 주장의 입증은 현실적으로 문제가 있는데, 지난 주기의 우주 구조들은 각 주기 사이의 대폭발 안에서 완전히 지워져버려서 과거의 진동 주기에 대한 증거는 간접적일 수밖에 없기 때문이다.

21) 미국 과학소설의 황금기(Golden Age of Science Fiction)는 통상

1930년대 말부터 1950년대까지의 시기를 지칭하는데, 이 기간 동안 과학소설이 독자 대중의 폭넓은 관심을 끌어 모았고 이제는 고전이 된 걸작들이 많이 출간되었다. 과학소설의 역사에서 볼 때, 이 황금기는 1920년대와 1930년대 후반까지의 펄프잡지 시대(the pulp era)와 1960~1970년대의 뉴웨이브 문학운동(New Wave science fiction) 사이에 위치한다. 역사가 애덤 로버츠Adam Roberts에 따르면, 황금기라는 용어는 하드 과학소설, 선형적 내러티브, 스페이스 오페라에서 문제 해결이나 위협에 맞서는 영웅들 그리고 기술기반의 모험담 같은 요소들이 들어간 작품들이 대거 양산되던 시기를 의미한다.

22) 하인라인은 '청소년용' 장편소설들을 통해 젊은 독자들이 과학과 테크놀로지에 관심을 갖도록 만들고자 했다고 한다. 실제로 데이빗 디그랩David DeGraff 같은 이는 자신이 과학소설 단편들을 이용해서 천문학 입문을 가르치는 데 성공했다고 주장한 바 있다.

23) 하드 과학소설은 최대한 과학적 정합성에 입각해서 주제의 선정 및 스토리의 전개를 해나가는 과학소설을 의미하며, 아서 C. 클락, 제임스 블리쉬, 래리 니븐 같은 작가들이 여기에 속한다. 반대 개념으로 인간 내면의 심리와 인문사회과학적 측면을 중시하는 소프트 과학소설이 있다.

24) 만일 독자층이 과학자 집단이나 과학 마니아들뿐이라면 사정이 달라질 것이다. 이들은 과학이나 테크놀로지에 대한 이해가 높은 사람들이기 때문에 과학적 정합성에 추호도 오류가 없는 과학소설을 환영할 법하다. 그러나 우리는 과학소설의 독자 다수가 바로 우리 자신, 즉 과학교양에 대한 지식을 상식선에서 갖고 있는 일반 독자들임을 감안해야 한다.

25) 최근 제안된, 빛보다 빨리 달리는 블랙홀을 이용한 시간여행은 어디까지나 가설에 불과하다. 더구나 빛보다 빨리 달린다는 전제를 만족시켜주어야 하는데, 우리는 아직 빛보다 빨리 달리는 타키온 입자조차 발견하지 못했다.

26) 현실적으로 텔레파시, 텔레포테이션, 사이코키네시스 같은 초능력은 과학적으로 검증되지 않은 상태이다 보니 과학소설에서는 설득력을 높이기 위해 초인을 무조건 전지전능하다기 보다는 정상인 사회의 소외자로 묘사하는 경우가 많다.

이러한 전통은 버레스포드J. D. Beresford의 『햄덴셔의 경이 *The Hampdenshire Wonder*』(1911)로까지 거슬러 올라가며 올라 프 스태플든Olaf Stapledon의 『이상한 존 *Odd John*』(1935)과 밴 보옷A. E. van Vogt의 『슬랜 *Slan*』(1940) 그리고 씨어도어 스터 전Theodore Sturgeon의 『인간을 넘어서 *More than Human*』(1953) 로까지 이어진다.

27) 예프레모프(1907~1972)는 소비에트 러시아의 고생물학자(화 석생성론 전공)이자 과학소설 작가이다. 고생물학에 홍미를 느껴 레닌그라드국립대에 입학했으나 졸업하지 못하고, 1930년 중반 볼가 강 유역과 우랄 지역 그리고 중앙아시아 일대의 선사유적 발굴 원정에 몇 차례 참여하였다. 고생물학 연구소 소장이 된 그는 1941년 생물학 박사학위를 취득했다. 1940년대에 예프레모프는 화석생성론이라는 새로운 분야의 학문을 발전시켰으며 1950년대 들어 전 세계에서 가장 유명 한 과학자 중 한 사람이 되었다. 그의 첫 번째 장편소설은 『거품의 땅 *The Land of Foam*』(1946)이란 역사소설이었으나 가 장 유명해진 것은 과학소설 『안드로메다 성운 *Andromeda: A Space-Age Tale*』(1957)이었다. 이 작품은 공산주의 이데올로기 로 통일된 단일국가가 된 지구의 인류가 우주를 향해 떠나는 대장정에 관한 축가이다. 『안드로메다 성운』이 묘사하는 미 래사회에서는 불평등이 존재하지 않으며 만인은 각자 최상 의 자아계발이 가능한 환경과 조건에 놓여 있다. 또한 그레 이트 서클이라 불리는 은하계 전체를 관통하는 통신망은 인 류와 외계문명 간의 항성 간 커뮤니티 형성을 가능하게 해준 다. 결과적으로는 이 작품은 소비에트 러시아 인민들의 도덕 적 자부심을 뒷받침해주는 구실을 했다.

28) 물론 이러한 융통성을 얼마만큼 발휘하느냐에 따라 심할 경 우 판타지냐 과학소설이냐 하는 또 다른 논란을 불러일으킬 소지가 있다.

29) Frederik Pohl, "The Shape of Things to Come and Why It Is Bad", *SFC*, December 1991.

30) 블로그 주소 http://speakupandthink.blogspot.com/

31) 토마스 러글스 핀천 주니어(Thomas Ruggles Pynchon Jr., 1937~) 는 포스트모던 소설 창작의 살아있는 전설로 일컬어지는 미

국작가이며 깊이 있고 복잡한 구성의 소설로 유명하다. 코넬 대에서 공업물리학과 영문학을 전공한 그는 1963년 장편 처녀작 『브이 *V*』를 발표한 뒤 1973년에 출간한 『중력의 무지개』로 명실상부한 현대 미국문학의 중심작가로 떠올랐다. 그의 또 다른 장편들로는 『49번 제비의 울부짖음 *The Crying of Lot 49*』(1966) 『바인랜드 *Vineland*』(1990) 『메이슨과 딕슨 *Mason & Dixon*』(1997) 그리고 『그 날에 맞서 *Against the Day*』(2006) 등이 있다. 핀천은 정기적으로 노벨 문학상 후보에 오를 정도로 많은 독자들과 비평가들에게 빼어난 현대작가들 중 한 사람으로 꼽힌다. 그의 작품들에서는 서구문명에 대한 비판의 목소리가 일관되게 들리며, 물리학을 위시한 자연과학적 지식을 통해 우리의 삶을 조망하려 시도한다. 핀천은 오늘날 서구의 몰락뿐만 아니라, 세계의 파멸까지 초래하게 될 주요인을 서구의 제국주의, 이분법적 가치관이나 폭력적인 서열제도, 테크놀로지의 오용, 이데올로기의 대립 등에서 찾았다. 그의 소설과 논픽션들은 소재와 주제 그리고 스타일에서 매우 다양할 뿐만 아니라 다루는 폭이 방대해서 역사, 과학, 수학의 영역까지 넘나든다. 가장 대표작으로 꼽히는 『중력의 무지개』는 수백 명의 등장인물과 여러 줄거리가 서로 얽힌 복잡스런 구조를 지녔는데, 주인공이 V2 로켓과 자신의 연관성을 추적해 나가는 것이 기본 줄거리다. 주인공은 황당하게도 V2의 탄착 지점을 알아내는 기이한 능력을 지니고 있는데, 자신에 대한 정보가 철저히 이용당하고 감시당한다는 사실에 분개한 그는 근무지를 이탈하여 자신에게 행해진 과학 실험의 실체를 확인한다. 알고 보니 주인공에게는 '이미폴렉스 G'라는 플라스틱 성분이 주입되어 있으며, 이것이 또한 로켓의 제조에도 사용되고 있었던 것이다. 결과적으로 그는 자신이야말로 현대의 과학맹신주의와 비인간적 물신주의 탓에 기계화된 인간의 몰골임을 깨닫게 된다. 즉 현대의 과학맹신주의는 자연 파괴는 기본이고 아예 인간 자체를 기계화하며 나아가서는 인간성 자체에 대한 조작까지 서슴지 않는다는 주장이 이 장편의 요지이다. 특기할 것은 핀천이 공인으로서 나서는 것을 극히 싫어하여 이제까지 그의 모습을 담은 사진들이 거의 공개된 바 없으며 1960년대 이후로는 거주지와 신원에 대해서도 소문만 무성하다는 사실이다.

32) Richard Treitel, "What is SF?", (http://www.treitel.org/Richard/sf/sf.html)

33) 잭 런던(1876~1916)은 미국 소설가로 본명은 존 그리피스 채니John Griffith Chaney다. 불우한 환경에서 사생아로 태어난 그는 온갖 고된 직업과 방랑으로 청소년기를 보냈고 캘리포니아대학에 반 년 남짓 다니며 H. 스펜서, 찰스 R. 다윈, 칼 마르크스, 프리드리히 W. 니체 등의 저서를 탐독하였다. 잭 런던은 미국 내에서는 동물이나 야생생활을 휴먼 터치로 묘사한 일련의 작품들로 큰 주목을 받으면서 부와 명성을 쌓았지만, 정작 그의 정치사회철학적인 고민의 집대성이라 할 걸작이자 과학소설의 고전으로 꼽히는 『강철군화』는 제대로 된 평가를 받지 못했다. 그의 작품 가운데 과학소설로 분류할 수 있는 것들로는 『강철군화』와 『아담 이전 *Before Adam*』(1906)이 있다. 그는 인기 대중작가로서 탄탄한 자리를 잡았지만 『강철군화』에서 볼 수 있는 자신의 이데올로기와 자본주의 사회에서의 부와 명성을 거머쥔 작가라는 자신의 위상 사이에서 번민하다가 자살하였다고 한다. 한편 그는 1904년 『샌프란시스코 익저미너』지 종군기자로 조선을 방문하였는데, 일본군을 따라 러일전쟁을 취재하면서 조선에 대한 글들을 여러 곳에 기고하였다. 1982년에는 그러한 원고를 한데 모아 프랑스에서 『조선사람 엿보기 *La Coree en feu*』가 출간되었다. 이 책은 당시 서양인들의 조선에 대한 보편적인 인식을 보여줄 뿐만 아니라 구한말 열강에 에워싸인 조선사회의 치부를 그리고 있어 사료적 가치가 있다.

34) 로벗 E. 스콜즈는 미국의 문학평론가이자 문예이론가로서, 예일대(Yale University) 졸업 후 1970년부터 현재까지 브라운대(Brown University)에서 '현대문화와 미디어' 학과 교수로 재직하고 있다. 1977년 그는 에릭 랩킨Eric S. Rabkin과 함께 과학소설 분야의 연구서 『과학소설; 역사, 과학, 비전 *Science Fiction: History, Science, Vision*』을 펴냈는데, 이 저서는 미국에서 과학소설에 관한 한 가장 진지한 학술연구지인 『과학소설 연구 *science fiction studies*』에 지대한 영향을 미쳤다. 스콜즈는 1987년 프랑스 뤼미에르 리용2대학(Universite Lumiere Lyon 2, France)에서 명예박사 학위를 받았으며 미국 기호학학회 회장

(the Semiotic Society of America, 1989~1990)과 미국 현대언어협
회 회장(the Modern Language Association of America, 2004)을 맡은
바 있다.

35) 에릭 S. 랩킨은 미시건대 영어영문학과 교수로서 로벗 E. 스
콜즈와 함께『과학소설; 역사, 과학, 비전』을 공저했다. 그는
과학소설과 판타지 소설 분야의 다양한 연구 프로젝트에 참
여해왔으며, 2007년 현재 다른 과목들과 함께 "영문학 연구
- 과학소설"이란 과목을 강의하고 있다.

36) 로저 조셉 젤러즈니(Roger Joseph Zelazny, 1937~1995)는 과학소
설 뿐만 아니라 환상소설 분야에서도 높은 명성을 쌓은 미국
작가이다. 그는 생전에 네뷸라 상을 세 차례, 휴고상을 여섯
차례 수상했다.

37) 허벗은『듄』시리즈로, 러브크래프트는『크툴루』시리즈로
유명하다.

38) 로벗 스콜즈·에릭 랩킨, 김정수·박오복 옮김,『SF의 이해』,
평민사, 1993, 222쪽.

39) 에디슨식의 모험담을 일컫는 SF용어. 발명가인 주인공이 모
험을 하면서 적들을 만나 물리치고 마침내 새로운 영역을 정
복한다는 공식에 입각한 이야기들을 의미한다.

40) 로벗 스콜즈·에릭 랩킨, 김정수·박오복 옮김,『SF의 이해』,
평민사, 1993, 54쪽.

41) 사무엘 레이 딜레이니 주니어(Samuel Ray Delany Jr., 1942~)는
미국의 과학소설 작가로 비평계의 찬사를 받은 일련의 작품
들을 발표했다. 2001년 이후 그는 필라델피아 소재 템플대학
(Temple University)에서 영문학 및 창작 담당 교수로 재직하고
있다. 그는 작가로서뿐만 아니라 평론가로서도 활발한 활동
을 벌이고 있다.

42) 브라이언 윌슨 올디스(1925~)는 영국을 대표하는 과학소설
작가 중 한 사람으로, 잡지『옥스퍼드 메일』의 문학란 담당
편집자이자 영국 SF 작가 협회장 및 유럽 SF 작가협회 공동
회장 등을 맡았다. 또한 그는 웰즈의 영향을 깊이 받은 것으
로 알려져 있으며, 같은 맥락에서 현재 국제 H. G. 웰즈 협회
부회장직을 수행하고 있다. 휴고 상, 네뷸러 상, 영국 SF 작가

협회상 등을 수상했으며 주요 작품으로『온실 *Hothouse*』(1962)
과 *The Saliva Tree*(1966)가 있다. 올디스는 작가로서 뿐만 아니
라 평론가로서도 활발한 활동을 벌였으며 그의 대표적인 평
론서『10억 년의 향연 *Billion Year Spree – The History of Science
Fiction*』(1973)에서 최초의 현대 과학소설은 메리 쉘리의『프
랑켄슈타인』이라고 주장하였다. 이 평론서는 1976년 Eurocon
III Merit 상을 수상하였으며 1986년 데이빗 윙그로브David
Wingrove와 함께『1조 년의 향연 *Trillion Year Spree*』이라는 확
장판을 다시 펴냈다.

43) 제임스 오거스틴 앨로이셔스 조이스(James Augustine Aloysius
Joyce, 1882~1941)는 아일랜드 출신의 소설가이자 시인으로
20세기 현대문학에 큰 변혁을 일으켰다. 37년간 해외에서 망
명생활을 하며 아일랜드와 고향 더블린을 대상으로 한 작품
을 집필하였다. 대표작으로 단편집『더블린 사람들 *Dubliners*』
(1914), 장편『율리시스 *Ulysses*』(1922) 등이 있다. 특히 자서전
적 요소가 많은『젊은 예술가의 초상 *A Portrait of the Artist
as a Young Man*』(1917)은 '의식의 흐름'에 따른 심리묘사로 문
단의 주목을 받았으며『율리시즈』는 한 발 더 나아가서 성
적 표현을 둘러싸고 풍기문란을 일으킨다 하여 미국에서는
법정에까지 올랐으나 그의 출준한 문학재능에는 한결같이
경탄을 금치 못하였다. 조이스의 마지막 작품『피네건의 경
야 *Finnegan's Wake*』(1939)에서는 이제까지 실험되었던 '의식
의 흐름' 수법이 종횡무진하게 구사되고 있는데, 과학소설
작가인 브라이언 윌슨 올디스는『맨발의 기분으로 *Barefoot in
the Head*』(1969)에 조이스의 언어구사 방식을 SF적으로 응용
하고자 시도하였다.

44) 안소니 버제스(1917~1993)는 매우 다채로운 경력을 지닌 영
국의 소설가로 과학소설로는『시계태엽 오렌지』를 지었다.
그는 문학비평가인 동시에 작곡가, 가극의 작사가, 시인, 극
작가, 영화 각본가, 언론인, 여행작가, 방송인, 번역가, 교육
자이다.

45) 다이슨 환천체의 창안자는 미국의 물리학자 프리먼 다이슨
박사이다. 이러한 개념에 첫 영감을 준 이는 과학소설 작가
올라프 스태플든이며, 다이슨이 이 같은 행성개조계획을 구

상한 취지는 태양 에너지를 주변궤도에서 최대한 **흡수**하여
에너지 효율을 높일 수 있는 생태계를 구상하기 위함이었다.
행성을 찌그러뜨려 거대한 도넛 모양의 고리로 만든다는 이
발상은 작가 래리 니븐이 쓴 장편 연작『링월드』시리즈를
통해 널리 알려졌다. 아예 태양을 중심으로 동심원을 그리면
서 공처럼 완전히 둘러싸면 다이슨 구가 되며, 이 경우 태양
에너지의 효율은 이론상 100%가 된다.

46) 현재까지의 관측결과에 따르면 목성에는 딱히 지표면이라
할 게 없다. 목성은 내부의 핵이 암석으로 되어 있으며, 이
암석 핵은 높은 압력으로 인해 금속처럼 굳어진 수소로 둘러
싸여 있다. 이 금속성의 수소는 상층부로 올라갈수록 액체
수소로 변화하며, 다시 점차 가스 상태로 변한다. 따라서 달
이나 화성처럼 탐사선이 안정되게 착륙할 만한 장소가 있지
는 않다. 시맥의 소설은 1952년 발표되었으므로 입수된 과학
지식의 한계를 감안할 필요가 있다. 하지만 화성을 무대로
한 고전적인 영웅담인 에드가 라이스 버로우즈의『화성의
존 카터』시리즈가 과학지식의 업데이트에도 불구하고 여전
히 문학적인 매력을 발산하고 있는 것과 마찬가지로 시맥의
작품 또한 인류의 제한된 지식으로 우주라는 거대한 세상에
맞서는 것이 얼마나 보잘 것 없는가를 보여주고 있다는 점에
서 오늘날에도 곱씹어볼 가치를 지니고 있다.

47) 미국의 과학소설 작가 제임스 블리쉬James Blish는 이러한 방
식에 팬트로피Pantropy라는 이름을 붙였다. 팬트로피란 인류
가 외계 환경에서 자연스럽게 살아갈 수 있도록 조건을 바꾼
다는 점에서는 테라포밍과 유사하나 바꾸는 대상이 테라포
밍에서처럼 환경이 아니라 인간 자신이란 점에서 근본적인
차이가 있다.

48) 90기압이면 바다 속 2000미터 아래에서 받는 물의 압력과 비
슷하므로, 대부분의 물질은 찌그러지고 말 것이다.

49) 얼핏 보면 화성보다 목성에 생명이 있을 가능성이 훨씬 희박
해 보이지만, 행성의 대기 구성을 고려해보면 생명체가 존재
할 확률은 화성보다는 오히려 목성에서 더 높을지 모른다.
목성에는 한 때 지구를 뒤덮었던 메탄, 암모니아 가스가 대
량으로 존재하는데, 이 원소들은 생명 창조에 반드시 필요한

요소들이다. 일부 과학자들은 목성에 생명이 이미 존재하고 있거나 적어도 앞으로 언젠가 생명이 생겨날 수 있을 것으로 믿는다.

50) 미국의 과학소설 작가. 본명은 Will F. Jenkins(1896~1975).

51) 오슨 스캇 카드, 홍인기 옮김, 「불타는 미래 *Future on Fire*」 서문, 『80년대의 과학소설』.(원문 출판은 1991년. 2000년 경 국내 온라인에 게재.)

52) '로봇'에 관한 작품들이 대표적인 오류로 꼽을 만하다. 오늘날 산업현장 곳곳에 온갖 형태의 로봇들이 배치되어 있지만 정작 가정생활을 돕는 인간 모양의 가사로봇은 실용화까지의 길이 멀어 보인다. 일본의 일부 전자회사들이 앤드로이드 형태의 로봇을 개발해 전시하고 있지만 아직 시장에 본격 출하하기에는 많은 한계를 안고 있다. 근본적으로 아시모프가 가정한 양전자두뇌 수준의 독립적 총괄제어 소프트웨어 없이는 로봇이 일반 가정에서 시시콜콜한 가사노동에 기여하기란 난망이다.

53) Frederik Pohl, "Pohlemic", *SFC*, May 1992.

54) James Gunn, *The Science of Science Fiction Writing*, The Scarecrow Press, 2000, pp.73-80.

55) 영국의 과학소설 작가(1903~1969). 우리나라에서는 그의 작품들 가운데 『걷는 식물 트리피드 *The Day of the Triffids*』(1951)가 수차례 번역되어 나왔다.

56) 여기서 대재앙이란 핵전쟁 같은 전지구촌이 종말을 맞을 만한 규모의 파국을 말하며, 과학소설의 하위 장르 중에는 그러한 파국 이후 살아남은 인간들의 이야기를 담은 작품들이 한 갈래를 이룬다.

57) 작가는 플래처 네블Fletcher Knebel과 찰스 베일리Charles W. Bailey. 이 소설은 1964년 존 프랑켄하이머John Frankenheimer 감독에 의해 영화로도 만들어졌다.

58) 피터 조지Peter George의 냉전 스릴러 소설 『적색 경보 *Red Alert*』를 원안으로 만들어진 영화. 감독은 스탠리 큐브릭 Stanley Kubrick이다.

59) James Gunn, *The Science of Science Fiction Writing*, The Scarecrow

Press, 2000, pp.73-80.

60) 이 장편소설은 그해 휴고 상과 네뷸러 상을 동시에 수상하는 영예를 안았다.

61) Wikipedia에 따르면, 『뉴로맨서』는 1984년 출간된 이래 지금까지 전 세계에서 약 650만 부가 팔렸다고 한다.

62) 영국의 여류 소설가(1919~)로, 시와 희곡, 소설을 포함한 많은 작품으로 1950년대의 '앵그리 영맨'을 대표하는 한 사람으로 활약하였다. 과학소설로 분류할 수 있는 작품으로『다섯번째 아이 *The Fifth Child*』(1988)가 있다.

63) 미국 소설가 겸 극작가로서 이상성격자와 동성애자를 다룬 작품을 썼다. 일반문학 이외에 정치를 주제로 한 텔레비전 드라마와 추리소설도 썼다.

참고문헌

Bruce Sterling, "A Century of Science Fiction", *Time*, 1999.3.20.
 (http://www. time.com/time/time100/scientist/other/science.html)

James Gunn, "The Protocols of SF", (http://www2.ku.edu/~sfcenter/
 protocol.htm)

"Obituary of John Brunner", (http://www.rudysbooks.com/brunnerobit.
 html)

Richard Treitel, "What is SF?", (http://www.treitel.org/Richard/sf/sf
 .html)

쿠로가화 켄쇼, "일본 SF의 시대 논쟁", (http://www.asahi-net.or.jp/
 ~ft1t-ocai/jgk/Jgk/Data/Satellite/Vol10/winter.html)

박하영·박지영, "알라딘이 만난 작가들: 김상훈 또는 강수백-한
 국 SF의 미래를 위하여", 온라인 서점 알라딘, 2003.05.06.
 (http://aladdin.co.kr/artist/wmeet.aspx?pn=20030506_kimsanghoon)

http://www.tokyo-np.co.jp/00/kei/20050205/mng_____kei_____002.sh
 tml)

James Gunn, *The Science of Science Fiction Writing*, The Scarecrow Press,
 2000, pp.73-80.

John Clute, *SF:The Illustrated Encyclopedia*, Dorling Kindersley, 1995.

Lawrence H. Suid, *Guts & glory-Great American War Movies*,
 Addison-Wesley Publishing co., 1987, pp.309-321.

Robert Silverberg, *Reflections & Refraction*, Underwood Books,
 California, 1997, pp.1-4.

고장원, 『SF로 광고도 만드나요』, 도서출판 들녘, 2003.

대중문학연구회 편, 『과학소설이란 무엇인가』, 국학자료원,
 2000, 55-91쪽

로벗 스콜즈·에릭 랩킨, 김정수·박오복 옮김, 『SF의 이해』, 평민

사, 1993.

오슨 스캇 카드, 홍인기 옮김, 「불타는 미래 *Future on Fire*」 서문,
　　『80년대의 과학소설』.(원문 출판 1991년. 2000년 경 국내 온라인
　　에 게재.)

　　　　　　　, 송경아 옮김, 『당신도 해리 포터를 쓸 수 있다』,
　　북하우스, 2007.

이재형, 「옮긴이의 말」, 『니코폴 3부작』, 현실문화연구, 2000,
　　177-179쪽.

복거일, 「강연/ 과학소설의 간략한 소개」, 1990년대 초.

황정상, 『과학환상문학창작』, 문학예술종합출판사, 1993.

SF의 법칙

펴낸날	초판 1쇄 2008년 5월 25일
	초판 3쇄 2013년 10월 31일

지은이	고장원
펴낸이	심만수
펴낸곳	(주)살림출판사
출판등록	1989년 11월 1일 제9-210호

주소	경기도 파주시 문발동 522-1
전화	031-955-1350 팩스 031-624-1356
기획 · 편집	031-955-4662
홈페이지	http://www.sallimbooks.com
이메일	book@sallimbooks.com

ISBN   978-89-522-0899-6   04080

※ 값은 뒤표지에 있습니다.
※ 잘못 만들어진 책은 구입하신 서점에서 바꾸어 드립니다.

376 좋은 문장 나쁜 문장

eBook

송준호(우석대 문예창작학과 교수)

어떻게 좋은 문장을 쓸 수 있을 것인가? 우선 좋은 문장이 무엇이고 그렇지 못한 문장은 무엇인지 알아야 할 것이다. 대학에서 글쓰기 강의를 오랫동안 해 온 저자가 수업을 통해 얻은 풍부한 사례를 바탕으로 문장교육을 제대로 받지 못한 독자들에게 좋은 문장으로 가는 길을 제시하고 있다.

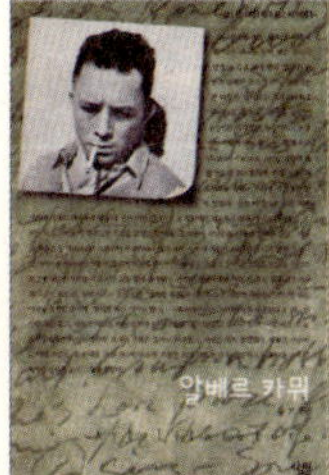

051 알베르 카뮈

eBook

유기환(한국외대 불어과 교수)

알제리에서 태어난 프랑스인, 파리의 이방인 알베르 카뮈에 대한 충실한 입문서. 프랑스 지성계에 혜성처럼 등장한 카뮈의 목소리는 늘 찬사와 소외를 동시에 불러왔다. 그 찬사와 소외의 이유, 그리고 카뮈의 문학, 사상, 인생의 이해와, 아울러 실존주의, 마르크스주의 등 20세기를 장식한 거대담론의 이해를 돕는 책.

052 프란츠 카프카

eBook

편영수(전주대 독문과 교수)

난해한 글쓰기와 상상력으로 문학사에 커다란 발자취를 남긴 카프카에 관한 평전. 잠언에서 중편 소설 「변신」 그리고 장편 소설 『실종자』와 『소송』 그리고 『성』에 이르기까지 카프카의 거의 모든 작품에 대한 해석을 담고 있다. 또한 이 책은 카프카의 잠언과 노자의 핵심어인 도(道)의 연관성을 추적하는 등 새로운 관점도 보여 준다.

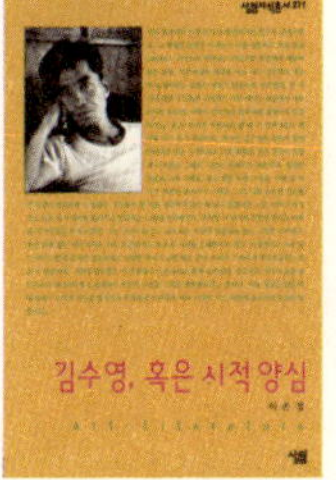

271 김수영, 혹은 시적 양심

eBook

이은정(한신대 교양학부 교수)

힘과 새로움으로 가득 차 있는 김수영의 시 세계. 그 힘과 새로움의 근원을 알아보고 지금까지와는 다른 새로운 독법으로 그의 시 세계를 살펴본다. 그와 그의 시에 대해 깊은 애정을 가진 저자는 김수영의 이해를 위한 충실한 안내자 역할을 자처한다. 김수영의 시 세계를 향해 한 발 더 들어가 보고자 하는 독자들에게 유익한 책이다.

369 도스토예프스키

박영은(한양대학교 HK 연구교수)

『카라마조프가의 형제들』과 『죄와 벌』로 유명한 러시아의 대문호 도스토예프스키. 그의 작품에 등장하는 생생한 인물들은 모두 그의 힘들었던 삶의 경험과 맞닿아 있다. 한 편의 소설 같은 삶을 살았으며, 삶이 곧 소설이었던 작가 도스토예프스키의 생의 한가운데 서서 그 질곡과 영광의 순간이 작품에 어떻게 드러나는지를 살펴본다.

245 사르트르 참여문학론

변광배(한국외대 불어과 강사)

사르트르의 『문학이란 무엇인가』에서 전개된 참여문학론을 소개하면서 억압받는 자들을 위한다는 기치를 높이 들었던 참여문학론의 의미를 성찰한다. 참여문학론의 핵심을 이루는 타자를 위한 문학은 자기 구원의 메커니즘에 문제가 생겼을 때 이 문제를 해결하고, 그 메커니즘을 보충하는 이차적이고도 보조적인 문학론이라고 말한다.

338 번역이란 무엇인가

이향(통역사)

번역에 대한 관심이 날로 늘어 가고 있다. 추상적이거나 어렵게 느껴지는 번역 이론서들, 그리고 쉽게 읽히지만 번역의 전체 그림을 바라보기에는 부족하게 느껴지는 후일담들 사이에 다리를 놓는 이 책은 번역의 이론과 실제를 동시에 접하여 번역의 큰 그림을 그리고자 하는 독자들에게 안성맞춤이다.

446 갈매나무의 시인, 백석

이숭원(서울여대 국문과 교수)

남북분단 이후 북에 남았지만, 그를 기리는 많은 이들의 노력으로 백석은 현재 우리나라에서 가장 주목받는 시인 중 한 사람이다. 이 책은 시인을 이해하는 많은 방법 중 '작품'을 통해 다가가기를 선택한 결과물이다. 음식 냄새 가득한 큰집의 정경에서부터 '흰 바람벽'이 오가던 낯선 땅 어느 골방에 이르기까지, 굳이 시인의 이력을 들춰보지 않더라도 그의 발자취가 충분히 또렷하다.

053 버지니아 울프 살아남은 여성 예술가의 초상 eBook

김희정(서울시립대 강의전담교수)

자신만의 독창적인 글쓰기 방식을 남기고 여성작가로 살아남는다는 것이 어떤 의미를 갖는지를 보여 준 버지니아 울프와 그녀의 작품세계에 관한 평전. 작가의 생애와 작품이 어우러지는 지점들을 추적하는 방식으로, 모더니즘 기법으로 치장된 울프의 언어 저변에 숨겨진 '여자이기에' 쉽게 동감할 수 있는 메시지들을 해명한다.

018 추리소설의 세계

정규웅(전 중앙일보 문화부장)

추리소설의 역사는 오이디푸스 이야기까지 거슬러 올라간다. 저자는 고전적 정통 기법에서부터 탐정의 시대를 지나 현대에 이르기까지 추리소설의 역사와 계보를 많은 사례를 들어 재미있게 설명하고 있다. 추리소설의 'A에서 Z까지', 누구나 그 추리의 세계로 쉽게 빠져들게 하는 책이다.

199 디지털 게임 스토리텔링 eBook

한혜원(이화여대 디지털미디어학부 교수)

디지털 시대의 새로운 이야기 양식을 소개한 책. 디지털 패러다임의 중심부에 게임이 있다. 이 책은 디지털 게임의 메커니즘을 이야기 진화의 한 단계로서 설명한다. 게임의 역사에 있어서 중요한 패러다임의 변화, 게임이라는 새로운 지평에서 펼쳐지는 새로운 이야기 양식에 대한 분석 등이 흥미롭게 소개된다.

326 SF의 법칙

고장원(CJ미디어 콘텐츠개발국 국장)

과학의 시대다. 소설은 물론이거니와 영화, 애니메이션, 만화, 게임 등 온갖 형태의 콘텐츠가 SF 장르에 손대고 있다. 하지만 SF 콘텐츠가 각광을 받고 있는 것에 비해 이 장르에 대한 깊이 있는 이해를 도울 만한 마땅한 가이드북이 존재하지 않는다. 이 책은 이러한 아쉬움을 채워주기 위한 작은 출발점이 될 것이다.

eBook 표시가 되어있는 도서는 전자책으로 구매가 가능합니다.

(주)살림출판사
www.sallimbooks.com
주소 경기도 파주시 문발동 522-1 | 전화 031-955-1350 | 팩스 031-955-1355